1887	Beginn des Sanierens und Abbrechens.
1888	Deutsch-Nationale Kunstausstellung am Isarkai.
1890	Nach Plänen von Theodor Fischer beschließt der Münchner Magistrat den Bau der Prinzregentenstraße.
1892	Fertigstellung und Einweihung der Pfarrkirche Sankt Anna.
1896	Einweihung der evangelischen Lukaskirche.
1899	Hochwasserkatastrophe: Brücken stürzen ein.
1902	Das Lehel ist vollständig kanalisiert.
1904	Fertigstellung der Isar-Regulierung.
1909	Das preußische Gesandtenpalais und die Schackgalerie werden ihren Bestimmungen übergeben.
1914-1918	In der Sankt Anna Schule sind Soldaten einquartiert. Kriegsarmut: Im Englischen Garten wird Gemüse angebaut. Es herrscht Mangel an Heizmaterial.
1920	Adolf Hitler zieht im Lehel als Untermieter ein.
1933	Grundsteinlegung für das „Haus der Deutschen Kunst".
1938	Die Synagoge „Ohel Jakob" geht in Flammen auf.
1939	Das Lehel hat 22 000 Einwohner.
1943-1945	Schwere Kriegsschäden im Lehel. Am 25. April 1944 werden die Sankt Anna Kirche und das Kloster durch einen Luftangriff völlig zerstört.
1958	Mit dem Luitpoldgymnasium wird der erste Nachkriegsschulbau Münchens seiner Bestimmung übergeben.
1965	Stadtratsbeschluss: Das Lehel wird zum Kerngebiet erklärt.
1966	Der Altstadtring Nord trennt das Lehel von der Innenstadt.
1970	Revision des Stadtratsbeschlusses. Das Lehel wird wieder Wohngebiet.
1972	Olympische Spiele in München. Der Baumarkt boomt, das Lehel wird teuer.
1982	Das Lehel hat 14 551 Einwohner,
1988	Der U-Bahn-Bau ist abgeschlossen. Vorstadt und Innenstadt sind wieder verbunden.
1992	Das Lehel wird verwaltungsmäßig der Altstadt einverleibt. Es entsteht der Bezirk 1: Altstadt-Lehel.
1994	Die Praterinsel wird per Stadtratsbeschluss zum Naherholungsgebiet erklärt und ist dadurch vor einer Verkommerzialisierung geschützt.
1996	Die Bezirksausschüsse erhalten mehr Entscheidungsrechte und wirken als Stadtteilparlamente mit eigenem Budget. Ihre Mitglieder werden, parallel zum Stadtrat, von der Bevölkerung direkt gewählt.
	Der „echte" Bauernmarkt wird auf dem St.-Anna-Platz von Pater Winfried von Sankt Anna eröffnet.
1999 – 2007	Der Altstadt-Ring zwischen Hofgartenstraße und Maximilianstraße wird schrittweise randbebaut, um die Autoschneise zwischen Altstadt und Lehel etwas zu schließen.
2000 – 2007	Mehrere große Wohnungsbauprojekte im Lehel, dadurch stabilisiert sich die Zahl der Lehelbewohner auf etwas über 15 000.
2004	Einführung der Parklizenz im gesamten Lehel.
2006	Das Lehel hat etwas über 15 000 Einwohner.

Bauernmarkt am
St. Anna-Platz

Horst Feiler

Das Lehel

Die älteste Münchner Vorstadt in
Geschichte und Gegenwart

MünchenVerlag

Dieses Buch entstand
mit freundlicher Unterstützung
des Bezirksausschusses 1: Altstadt-Lehel
der Landeshauptstadt München

Der Autor Horst Feiler

veröffentlichte die 1. Auflage dieses Buches (1994)
unter dem Namen seines Urgroßvaters Lorenz Wandinger,
dem er damit eine besondere Ehre erwies.
Er selbst wurde 1933 im Lehel geboren, war bis zu seiner Pensionierung Pädagoge
und stets mit dem Geschehen seines Viertels eng verbunden.
Er veröffentlichte mehrere Bücher und zahlreiche Beiträge in Zeitungen.

2. überarbeitete Auflage
© MünchenVerlag, München 2006
Lioba Betten
Gestaltung und Satz: Atelier Langenfass, Ismaning
Druck und Bindung: Gebr. Bremberger, Unterschleißheim
ISBN 3-937090-13-4
ISBN 978-3-937090-13-9

www.muenchenverlag.de

Inhalt

Im Englischen Garten

Geleitwort

von Wolfgang Püschel
Vorsitzender des Bezirksausschusses 1: Altstadt-Lehel

Lange war dieses Buch vergriffen, ein Umstand, der sehr bedauert wurde von vielen Bürgerinnen und Bürgern unseres Lehel, die gerne in der Geschichte ihrer Münchner Vorstadt blättern um zu sehen, wie das Viertel zu Zeiten des Burgfriedens aussah. Aber auch um zu erfahren wie es sich seither entwickelt hat. Auch die Neubürger interessiert der Weg vom ärmlichen Vorstadtviertel zur begehrten Wohngegend, an deren Beginn vor etwa 40 Jahren die „Entkernung" von historischer Substanz, die Zerstörung ganzer gewachsener Straßenzüge und Bürgerhäuser im Rausch der „verkehrsgerechten" Urbanisierung stand, wie der Einzug der Bürokultur gegen alle Widerstände vehement einsetzte. – Sie lassen sich heute gerne zu einem Stadtteilspaziergang verführen, um das Lehel (sprich: lechl) in seinem ganz eigenen Charme zu erleben: Von der Praterinsel, wo in der Nähe das letzte Handwerkerhaus am ehemaligen Stadtbach – in Glas gefaßt – noch steht, an St.Lukas oder am Wilhelmsgymnasium vorbei zu den Isarkaskaden bei der Schwindinsel, über den St.Anna-Platz zur Prinzregentenstraße, welche die politischen Einfärbungen der letzten zwei Jahrhunderte „eindringlich" hat kommen und gehen sehen und davon geprägt wurde – noch erlebbar beispielsweise an Portalen und Dachsimsen des Wirtschafts- und Technologieministeriums, wo selbst heute noch die stilisierten Stahlhelme das

Gebäude schmücken. Und gegenüber das Nationalmuseum! Bis „hinaus" aus der Vorstadt zum Monopteros zu schlendern, der heute auch zum Verwaltungsbereich des Stadtteilparlamentes des 1.Münchner Stadtbezirkes Altstadt-Lehel gehört. – Oder den alten Fußweg entlangzuspazieren, angefangen vom Mariannensteg über die Isar bis zum Marienhof, alle Bauten und Verkehrswege gefahrlos querend.

Ja, es gibt auch noch heute so manches wiederzuentdecken im Lehel, und eben auch viel Neues. Von beidem erzählt dieses Buch und schlägt einen weiten Bogen zu unserem Lebensumfeld 2006: die ruhige Wohnsituation an begrünten Straßen und Plätzen, die kurzen Wege in die Innenstadt mit allen MVG-Vorteilen, viele Museen, die unsere Kulturgeschichte präsentieren, und das erste in München eingerichtete Parklizenzgebiet, welches, so zentrumsnah, den Autoverkehr gebändigt hat. Es gibt sie auch noch, die heimlichen ruhigen Orte in unserem umtriebigen Stadtviertel: Die Künstlerkolonie auf der Praterinsel, der immer noch versteckte Vater-Rhein-Brunnen am Ameisenspielplatz, oder die lauschige Schwindinsel und das leise Gries dort hinten nahe der Tivolibrücke. Nur muss man sie suchen.

Dazu wünsche ich Ihnen allen viel Spaß, Genuß und Entdeckerfreude.

Leheler oder Lächler?

„Nächster Halt: Lehel!" So dröhnt es aus dem Lautsprecher, wenn sich die U-Bahn dem Untergeschoss des Sankt-Anna-Platzes nähert. Und diese Ankündigung erfolgt neumünchnerisch, also nach der Schrift. Hell und gedehnt klingt das geschlossene „e" in der ersten Silbe, die zweite Silbe des Stadtteilnamens leitet ein Hauchlaut ein, so wie es eben das Schriftbild nahe legt. Schließlich gibt es nicht mehr viele, und ihre Zahl schrumpft täglich, die noch wissen, dass das Lehel an die vierhundert Jahre ein Lächl war, ehe die Eingeborenen von den Hinzugekommenen phonetisch überstimmt wurden. Dabei weiß jeder, der des Bairischen halbwegs mächtig ist, dass man hierzulande „zaach" am Althergebrachten festzuhalten pflegt und der allzu saloppe Umgang mit überlieferten Werten einen „gaachen" Zorn auslösen kann.

Aber was will man machen? Alles unterliegt dem Wandel. Immer verändert die Sprache ihre Laute und Begriffe, verlässt gewohnte Bahnen, tauft die Dinge um. Vor allem in Zeiten einer nie gekannten Mobilität und Medienbeeinflussung. Da kann es schon vorkommen, dass die Gegend, in der man geboren und aufgewachsen ist, mit einem Mal fremd klingt.

Aber ich bin sicher, dass mancher das Lehel wieder zum Lächl machte, wüsste er nur ein wenig mehr von dessen Ursprüngen.

Woher hat nun das Lehel seinen Namen? Ein Lehen, ein kleines Lehel wird es wohl einmal gewesen sein, mutmaßen einige. Andere wiederum sind davon überzeugt, dass bei der Taufe dieser ersten Münchner Vorstadt eine kleine Lohe, ein Löhel Pate gestanden hat. Diese lichte Waldart war auf der Münchner Schotterebene sehr verbreitet, Restbestände finden sich noch in der Gegend von Aubing und Eching. Ortsnamen weisen darauf hin, wie reich die Gegend einst mit solchen Wäldern ausgestattet war. Doch während in Lohhof und Keferloh die alte

Orthographie beibehalten wurde, ist man in Lochham und Lochhausen konsequent geblieben, hat die Schreibweise geändert und so den Rachenlaut erhalten. Das Lehel hat diese sprachliche Hilfestellung versäumt. Dabei wäre es zu begrüßen, wenn aus Lehelern Lächler würden. Grund zum Lächeln hätten sie. Wo doch ihr Viertel zu den beliebtesten Wohngegenden Münchens zählt, wie eine Umfrage von 1986 nachweist. Die Isaranlagen hat man vor der Tür, zum Englischen Garten ist es ein Katzensprung, und die städtischen und staatlichen Kulturtempel liegen in Fußreichweite: Staatsoper, Residenztheater, Kammerspiele, Gasteig sind schnell und problemlos zu erreichen. Und seit es die U-Bahn am Sankt-Anna-Platz gibt, verfügt die einstige Vorstadt über eine ausgezeichnete Verkehrsanbindung.

Das freut auch mich, der ich schon lang nicht mehr im Lehel wohne. Über siebzig Jahre ist es her, seit ich in dieser Vorstadt meine ersten Schritte getan habe. Liegt es am fortschreitenden Lebensalter, wenn die Gedanken immer öfter zu jenen Ursprungsgegenden zurückkehren, von denen Kindheitserinnerungen lebhaft erzählen?

Inzwischen hat sich vieles geändert. Auch am Lehel ist der Zeitenwandel nicht spurlos vorübergegangen. Das mag man beklagen – und begrüßen, denn auch eine Vorstadtvergangenheit ist nicht so idyllisch wie eine nostalgische Gegenwart sie manchmal verklärt.

Auch mit Mühe und Phantasie lassen sich zurückliegende Geschehnisse nur teilweise beleben. Worte und Bilder sind zwar hilfreich, können aber kaum wiedergeben, wie die Vorangegangenen ihre Lebenslagen wirklich empfunden haben.

Erinnerungen reichen nicht aus, um ein solches Buch zu verfassen. Der Verfasser ist auf Quellen angewiesen, aus denen das Wissen anderer sprudelt. Um jedoch die Lesbarkeit nicht zu beeinträchtigen, habe ich auf Fußnoten verzichtet. Die Urheber von

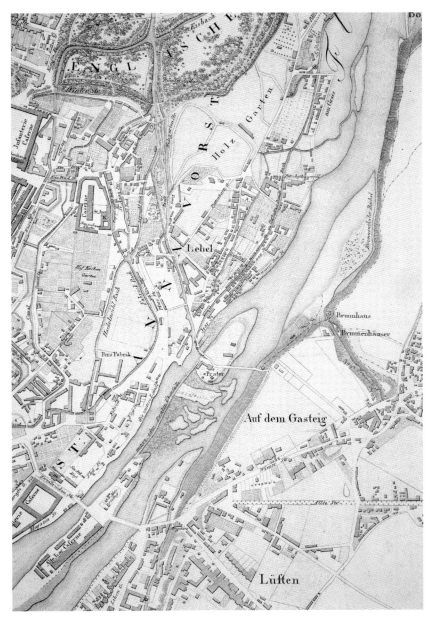

**Dieser Kartenausschnitt
verdeutlicht, wie dünn das Lehel
1829 noch besiedelt war.**

wörtlichen Zitaten gehen aus dem Text hervor, andere nennt das Literaturverzeichnis.

Je tiefer man in die Materie eindringt, desto mehr erstaunt die Tatsache, was sich im Lehel alles getan hat. Auf engstem Raum konzentriert sich ein Mikrokosmos, der viel mehr hergibt, als man in einem solchen Buch unterbringen kann. Dabei wollte ich nicht nur große Ereignisse ins Bild setzen, auch kleine Dinge erschienen mir erwähnenswert. Damit eine ebenso unterhaltsame wie informative Lektüre entsteht, die vielleicht gar manchen Leheler zum Lächler macht.

Mein besonderer Dank gilt den Herren Wolfgang Püschel, Dr. Wolfgang Burgmair, Dr. Hermann Klingele, Rolf Krogoll, Klaus Zaglmann und der Verlegerin Frau Lioba Betten und ihrem Mitarbeiter Christoph Aicher, die dieses Buch mit großer Unterstützung ermöglicht haben. Ebenso danke ich den Mitarbeitern in der Monacensia, im Stadtarchiv und im Stadtmuseum der Landeshauptstadt München sowie allen Mitgliedern des Bezirksausschusses 1: Altstadt - Lehel für ihre vielfältige und kompetente Hilfe.

Ich widme das Buch meiner
Ehefrau Ingrid.

München, im Herbst 2006
Horst Feiler

Von den Anfängen
bis zur Eingemeindung 1724

VORZEIT

Wie das gesamte Alpenvorland, so ist auch die Münchner Gegend eiszeitlich geprägt. Die Gletscher, welche Schottermassen aus den Alpen vor sich her schoben und Endmoränenwälle anhäuften, kamen zwar nur bis Schäftlarn, waren aber dennoch an der geomorphologischen Gestaltung des Münchner Raums maßgeblich beteiligt.

Als die Eisberge schmolzen, überfluteten riesige Schmelzwassermassen die Gegend und lagerten großflächig Material ab. So entstand die Münchner Schotterebene, ein vorzügliches Siedlungsgelände, das freilich erst Jahrtausende später als ein solches erkannt und geschätzt werden konnte. Nachdem sich die Schmelzwasserfluten verlaufen hatten, re-

**Blick auf den Hofgarten und auf das Lehel.
Stich von Michael Wening um 1700.**

**Das „Layl" zwischen Stadtbefestigung und Isar.
Ausschnitt aus dem Stadtplan von Matthias Seutter um 1700.**

duzierte sich die Entwässerung auf Flussläufe, die sich in den Schotter eingruben und, je nach Wasserführung, unterschiedliche Geländeabstufungen, so genannte Terrassen, herausbildeten. Sie lassen unter anderem erkennen, dass die Isar einmal von der Theresienhöhe bis zum Nockherberg reichte.

Breite Flusslandschaften begünstigten Wanderbewegungen und wurden deshalb gern durchstreift. Als vor etwa 10 000 Jahren die letzte Eiszeit zu Ende ging, mochte eine subarktische Tundrenvegetation nur karge Lebensgrundlagen geboten haben. Im Verlauf einer zunehmenden Klimaverbesserung haben Jäger und Sammler in dichten Auwäldern reichlich Nahrung gefunden. Aus dieser Zeit sprechen jedoch, sofern es die Münchner Gegend betrifft, kaum Zeugen zu uns. Es musste erst ein Stoff erfunden werden, der den irdischen Zersetzungsvorgängen widersteht und Jahrtausende überlebt, um aus der Vorzeit berichten zu können: Bei Ausschachtungsarbeiten für die Münchner Kanalisation stieß man 1899 im Lehel auf einen reichen Bronzefund. Fertige Werkstücke waren darunter, aber auch sorgsam aufbewahrte Überreste, die der Wiederverwendung harrten, was die Kostbarkeit des Werkstoffs verdeutlicht. Die Fundgegenstände erzählen von einem Bronzeschmied, der an der Isar mit Geschick sein Handwerk ausübte. Dort gab es neben dem lebensnotwendigen Wasser auch Steine für den Bau eines Schmelzofens und einer Esse. Und im Auwald fand sich genug Holz, um diese Öfen zu heizen. Da war aber auch die Bedrohung durch den Fluss. Ein Hochwasser überflutete schließlich die frühe Werkstatt, bedeckte die Bronzebarren mit Sand, der sie in fünf Metern Tiefe drei Jahrtausende lang für uns aufbewahrte.

Und so wissen wir, dass es dort, wo heute die Liebigstraße in die Widenmayerstraße einmündet, bereits in der Bronzezeit einen Handwerker gegeben hat. Vielleicht den ersten in München?

SUBURBIA

Die Menschheit war lange ohne Städte ausgekommen. Jahrmillionen mussten vergehen, ehe die Zahl der menschlichen Individuen und deren Ansprüche so gewachsen waren, dass Ackerbau und Sesshaftigkeit notwendig wurden. Der feste Wohnsitz, vor allem aber der Besitz verlangte nach einer Siedlungsform, die den veränderten Bedingungen gerecht werden konnte. Wo die Voraussetzungen es begünstigten, konzentrierte sich der homo sapiens, mehr noch der homo faber, um in urbaner Gemeinsamkeit den Existenzkampf auszufechten. Wobei sich das Streben nach Wohlleben und Sicherheit als stärker erwiesen hat als das Mobilitätsbedürfnis und das Verlangen nach einer relativ ungebundenen

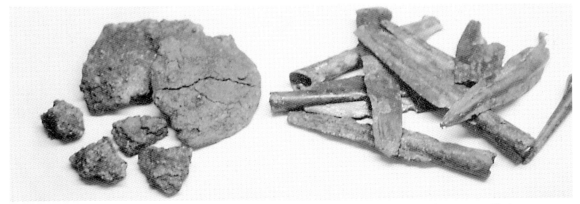

Dieser Bronzefund wurde 1899 bei Kanalisationsarbeiten an der Ecke Widenmayer-Liebigstraße zutage gefördert.

Lebensweise, wie Jäger, Sammler und Hirtennomaden sie verschiedentlich heute noch praktizieren. Bis dann die Stadt von Mesopotamien über Griechenland und Rom nach Deutschland kam, mussten wiederum etliche tausend Jahre vergehen.

Wo Vorräte und Besitztümer sich anhäufen, wächst auch die Begehrlichkeit. Schon bald erwies es sich deshalb als ratsam, das Erworbene mit Mauern und Türmen zu schützen: Die Städte legten sich Panzer an, drangvolle Enge sorgte dann für Beschränkungen und Beschränktheiten. In winzigen Räumen und winkeligen Gassen zwängte sich das Leben in hautnahe Aggression. Im Schatten des städtischen Lichts brüteten sich nicht nur Ungeziefer und Seuchen aus, auch Missgunst, Bosheit und Bigotterie gediehen dort. Trotzdem fühlten sich Bürger hinter starken Mauern all jenen überlegen, die sich bald vor der Stadt ansiedelten. Wer im Schutz der Stadt leben und wirtschaften durfte, sah sich genötigt, dieses Privileg nicht nur gegen Feinde zu verteidigen. Es galt auch jenen den Zutritt zu verwehren, die vom Hinterland in die Städte drängten, um sich ein besseres Leben zu erobern. Doch der Erwerb des Stadtrechts war an Bedingungen gebunden, welche die meisten Neuankömmlinge kaum erfüllen konnten. Nur wer über besondere Fähigkeiten und Fertigkeiten verfügte, sich entsprechender Fürsprache erfreute oder wohlhabend genug war, um das Bürgerrecht erwerben zu können, wurde aufgenommen. Die große Zahl sah sich ausgesperrt: Leibeigene, der Fron des Grundherrn entlaufene Bauern, überzählige Söhne und Töchter, die auf kein Hoferbe hoffen konnten, ledige Mütter mit ihren „Bankerten", kriegsversehrte Krüppel und Bettler, Gaukler, Musikanten und sonstiges Treibgut einer Gesellschaft, die ihre Grenzen für ewige Zeiten abgesteckt hatte, ohne freilich zu bedenken, dass die Zahl der Erdenbürger unentwegt wächst.

Vor den Mauern Münchens war das nicht anders. Auf Schotterbänken zwischen einem Gewirr von Wasserläufen war unfruchtbares, wertloses Land, mit dem noch kein Grundherr etwas Rechtes anzufangen wusste. Dort konnten Neuankömmlinge sich niederlassen in der Hoffnung, irgendwann einmal in die Stadtgemeinschaft aufgenommen zu werden. Für die Bürger des Lehels sollte sich das erst erfüllen, als 1724 ihre Vorstadt nach München eingemeindet wurde.

Die Menschen nutzten die Natur, brannten aus Isarschottern Kalk, spannten Wasserkraft ein, wurden Wäscher und Bleicher, um die Kleidung der Stadtbürger in den zahlreichen Bächen zu reinigen. Manche trieben Ziegen in den nahen Auwald, der sie auch mit Bau- und Brennholz versorgte. Man verdingte sich als Tagelöhner oder Dienstmagd, denn die Stadtbürger schätzten die billige Arbeitskraft, auch wenn sie von der „Bagage" in der Vorstadt keine allzu hohe Meinung hatten.

Im Lehel sah man nicht selten Werber umgehen auf der Suche nach Menschenmaterial. Ein bisschen Handgeld und ein paar Versprechungen reichten oft aus, um einen armen Teufel zum Verkauf der Unversehrtheit, ja des Lebens zu bewegen. Der Bedarf dafür war entsprechend groß, Kriege und Schlachten gab es genug, in denen arme Leute sich gegenseitig umbrachten. Schließlich blieb ihnen oft nichts anderes übrig, als sich für Sold den Kriegsdiensten zu verschreiben. Wenn Vorstadtfrauen Glück hatten, kamen sie bei einer Stadtherrschaft als Magd unter oder wurden, solange sie jung und hübsch waren, die Liebschaft eines Herrn. Die meisten teilten jedoch die ärmliche Existenz eines Handwerkers oder Tagelöhners.

Wer in der Vorstadt auf die Welt kam, hatte zu manchen Zeiten nur ein kurzes Leben vor sich. Naturkatastrophen, Mängel und Seuchen waren die Ursachen dafür. Und wer diese Bedrückungen überlebt hatte, den suchte zwischendurch allerlei Kriegsvolk heim. Wenn Feinde die befestigte Stadt belagerten, wuchs deren Erbitterung mit jedem Tag des Widerstands. Die Belagerer ließen dann nicht selten ihre Wut an den wehrlosen Vorstädtern aus. Sie zündeten ihre Häuser an, vergewaltigten Frauen, bedrohten jeden mit Folter und Mord, der nicht rechtzeitig in den Auwald geflüchtet war. Und das Kriegsvolk raubte ihnen alles, was zu seinem Unterhalt notwendig war.

Kalkofen im Isartal zwischen Großhesselohe und Pullach. Öl auf Leinwand von Heinrich Bürkel, 1865.

Es gab keinen Nachschub, der die Söldner versorgt hätte: Der Krieg musste den Krieg ernähren.

Trotz Not und Bedrückung gab es in der Vorstadt immer mehr Hoffnung als Resignation. Jede Heimsuchung schien den Überlebenswillen gestärkt, die Bereitschaft zum Neubeginn gefestigt zu haben. Das Lehel war kein Slum, wo die Menschen in dumpfem Fatalismus dahindämmerten, es entwickelte seine eigene Ökonomie und eine spezifische Kultur. Seine Bewohner verstanden auch zur rechten Zeit zu feiern. Gerade weil ihre Sonnenstunden selten waren, lernten sie, diese zu genießen. Entbehrungen schärften den Blick für Freuden, die es zu genießen galt. Und die waren da unten auch gar nicht so selten, wie man meinen könnte. Zwischen Gärten und Auwald, in Hütten und Lauben hielt das Leben viele Nischen bereit, in denen Freude gedeihen konnte. Trotz aller Not.

BEHERBERGUNG

Auch eine karge Gegend wird wertvoll, wenn die Nachfrage dafür steigt. Selbst die schlimmsten Kriege und Seuchen konnten nicht verhindern, dass die Zahl der Bewohner wuchs und wuchs. Schon im 17. Jahrhundert, kaum dass der Dreißigjährige Krieg mit seinen enormen Bevölkerungsverlusten ausgestanden war, drängte viel Volk vom Land in die Stadt, besseren und freieren Lebensverhältnissen entgegen. Auch wenn es zunächst nur die Vorstadt war, in die man günstigstenfalls gelangen konnte. Im 18. Jahrhundert nahm der Bevölkerungsdruck so zu, dass die Obrigkeit sich veranlasst sah, die Wanderbewegung zu steuern. Man war nicht sonderlich davon erbaut, wenn die Unterschichten allzu sehr in Bewegung gerieten und die überkommene Ordnung bedrohten.

Herbergen in der Sternstraße
um 1895, kurz vor dem Abriss.

Sternstraße nach Norden.
Aquarell von Joseph Puschkin, 1894.

Das Langmaierhaus in der Lerchenfeldstraße um 1906.

Andererseits war aus dieser Entwicklung einiger Nutzen zu ziehen. Dem Landesfürsten konnte es nur recht sein, wenn Handwerker und Gewerbetreibende in seinem Herrschaftsbereich vor der Stadt ein wenig Druck auf die Münchner Zünfte ausübten.

Auch adelige Grundherren, wie etwa die Grafen von Tattenbach, denen das Ödland zwischen Isar und Stadt bisher wenig eingebracht hatte, zeigten sich von der neuen Entwicklung durchaus angetan. Auf minderwertigen Baugrund, wo eine ordentliche Siedlungstätigkeit kaum möglich war, ließen sie notdürftige Wohngebäude errichten, so genannte Herbergsanwesen, deren Zimmer, Kammern, Dachböden und Scheunen sie einzeln an Zuwanderer verkauften.

Das Urmodell der Eigentumswohnung auf Erbpachtgrund gewissermaßen. Sie machten dabei ein Mehrfachgeschäft; zunächst musste der Kaufpreis entrichtet werden. Und weil die Vorstädter, besonders wenn sie gerade angekommen waren, kaum über die nötigen Mittel verfügten, streckten ihnen die Grundherrn Hypotheken vor und kassierten den Zins. Außerdem war ein Laudemium fällig, eine Besitzänderungsgebühr, wenn dieses Wohneigentum veräußert oder vererbt wurde und beim Tode des Grundherrn, wenn sein Nachfolger die Verträge bestätigte. Sie betrug etwa fünf Prozent vom Kaufpreis. Und alle Jahre wieder war der Bodenzins für jenes Grundeigentum zu entrichten, das dem Grundherrn gehörte. Man kann sich vorstellen, wie sehr die damaligen Leheler belastet waren, wenn sie ihren Verpflichtungen nachkommen wollten.

Aber was sollten sie tun? Es blieb ihnen keine andere Wahl, wenn sie sich den Traum von der Vorstadt zu erfüllen gedachten.

Das alte Forst- und Triftamt an der Bruderstraße, 1887 abgebrochen.

Um der damaligen Rechtslage zu entsprechen, musste jeder, der sich im Lehel niederlassen wollte, Wohneigentum und halbwegs gesicherte Einkommensverhältnisse nachweisen. Nur um einen Fuß in jene Tür zu bekommen, die in die gelobte Stadt führte, verschuldeten sich die Leute und stotterten ein Leben lang Zinsen und Tilgung ab. Eine Mühe, die zur Plage wurde, wenn wieder einmal die Isar, eine Feuersbrunst oder ein Krieg das Lehel heimgesucht hatten.

Die Lasten konnten allerdings gar nicht so groß sein, als dass im 19. Jahrhundert der Zuwandererstrom nicht noch mehr angeschwollen wäre. Im Zug des technischen und gesellschaftlichen Fortschritts fand jede Kammer, jeder Winkel, jedes Loch reißend Abnehmer. Allmählich wurde es eng in der Vorstadt.

EINGEMEINDUNG 1724

Lange Zeit wurde das Lehel von den Münchnern kaum beachtet. An die Leute vom Fluss erinnerten sie sich vielleicht dann, wenn billige Arbeitskräfte nötig waren, die Holzvorräte zur Neige gingen oder die Isar wieder einmal über die Ufer getreten war. Ansonsten hielt man Abstand. Man sorgte dafür, dass draußen blieb, was draußen bleiben sollte. Am Ende würden die Leheler gar noch in die Stadt drängen, den Bettel überhand nehmen lassen und Krankheiten einschleppen.

Solche Berührungsängste hatte der Adel nicht. Die Grundherren waren längst zu der Erkenntnis gelangt, dass auf ihrem herrschaftlichen Grund überwiegend fleißige und redliche Menschen lebten, die ihr Brot durch harte Arbeit verdienten. Sie unterhielten und pflegten ihre Wohnstätten, waren darauf bedacht, dass nichts verkam, zahlten pünktlich und korrekt. Das arbeitsame Lehel entrichtete jene Gebühren, die zum Wohnen und Bleiben berechtigten und mehrte so den adeligen Besitz.

Die Leute vom Fluss beschränkten sich längst nicht mehr darauf, der Residenzstadt niedrige Dienste zu leisten. Handwerksgeschick und Gewerbefleiß hatten dafür gesorgt, dass es im Lehel inzwischen auch andere Berufe gab als jene, welche die Stadt verachtete und vor ihre Mauern verbannt hatte: Henker, Schinder und Totengräber galten als „unehrenhaft" und wurden in der Stadt nicht geduldet. Auch die Gerber, wegen des Gestanks, den sie verbreiteten, nicht sonderlich gelitten, hatten im Lehel ihr Auskommen gefunden.

Zunächst waren es die holzverarbeitenden Berufe, die sich etablieren konnten. Schreiner, Zimmerer, Schäffler und Wagner verarbeiteten jenes Material, das an der Floßlände ankam. Vor allem die Bauhandwerker hatten viel zu tun, wenn sie neue Wohnstätten errichteten und alte instand setzten; Metzger, Bäcker, Gärtner und Krämer sorgten fürs leibliche Wohl. Schuster, Schneider, Hutmacher und Weber kleideten das Lehel ein. Zahlreiche Wirtschaften gewährleisteten, dass nach harter, langer Arbeit die Freude und das Vergnügen nicht zu kurz kamen. Auf diese Weise war ein urbanes Geflecht entstanden, welches die Hauptdaseinsfunktionen wie Wohnen, Arbeiten, Versorgung und Vergnügen auf engstem Raum wirken ließ. Da gab es keine Pendler, die stundenlange Wege zurücklegen mussten, nur um von der Wohnung in die Arbeit zu gelangen. Auch für die Deckung des täglichen Bedarfs war der räumliche und zeitliche Aufwand gering. Was zu Fuß nicht erreichbar war, lag außerhalb des Wirkungsbereichs. Der Besitz eines Reit- oder Zugtieres war nur wenigen vorbehalten. Deshalb blieb das meiste, was erwirtschaftet wurde, am Ort, und es bildeten sich eine verhältnismäßig gut funktionierende Mischstruktur und relativer Wohlstand heraus.

Das blieb der Stadt München nicht verborgen, aus verächtlichen Blicken wurden begehrliche. Der Wert des Lehels stieg auch noch, als die adeligen Grundherren ihre Stellungen dort ausbauten und für ein zusätzliches Wachstum sorgten. Die Gunst des Kurfürsten war ihnen zunächst sicher.

Aber nach und nach musste der Landesherr erkennen, dass man den steuerzahlenden Bürgern der Residenzstadt nicht allzu viel zumuten darf. Deshalb entschied er zu ihren Gunsten, als sich die Frage erhob, zu wem das Lehel künftig gehören sollte. Es wurde schließlich 1724 in den Münchner Burgfrieden einbezogen. Von nun an war die topographisch am tiefsten liegende Gegend Bestandteil der Haupt- und Residenzstadt. Und so waren die Vorstädter zu Münchnern geworden, lang bevor München seine Mauern schleifte und über den Burgfrieden hinauswuchs.

Die Grafen von Tattenbach und andere Adelige behielten zwar noch ihre Rechte, aber regiert wurde das Lehel fortan von München aus. Schon damals muss der Name vornehmen Bürokraten nicht gefallen haben. Sonst hätten sie sich wohl nicht so beeilt, aus dem „Lächl" eine Sankt-Anna-Vorstadt zu machen. Der Volksmund hielt sich jedoch nicht an die angeordnete Bezeichnung, er bewahrte sich den ursprünglichen Vorstadtnamen.

Blick von der Stelle, an der heute der Friedensengel steht, auf München und auf das Lehel, um 1870.

Der Isar Fluch und Segen

DIE REISSENDE

Sie zieht sich durch Ober- und Niederbayern wie eine Schlagader. Tief hat sie sich eingegraben und ein breites Bett ausgeschürft, um gegebenenfalls Schmelzwasser, Gewittergüsse und Landregen aufnehmen zu können. Wild, ungezähmt und aufgesplittert in ungeregelte Wasserläufe, die sich zwischen Schotterbänken willkürlich ihren Weg suchten, führte sie ein freies Leben.

An ruhigen Tagen plätscherte die Isar friedlich dahin, erwies sich als hilfreich und nützlich, war den Menschen eine Freundin. Sie sicherte die Trinkwasserversorgung, schwemmte Brennholz an, beförderte Lasten, wiegte mit vertrauten Klängen in den Schlaf. An solchen Tagen mochten die Vorstädter ihren Fluss und besangen seine grüne Farbe, die der gelöste Kalk bewirkt.

Doch es bedurfte wenig, um die Laune der Isar zu ändern, sie bösartig zu machen: Ein Gewitter im Gebirge, ein verregneter Sommer, ein Föhnsturm, der über Nacht eine kniehohe Schneedecke in unberechenbares Schmelzwasser verwandelte … In breiter Front griff die Isar dann an. Sie trat über die Ufer, wurde zum Strom, zermalmte, was immer sich ihr in den Weg stellte, ersäufte Mensch und Tier. Wehe dann den Vorstädtern, die ihrer Armut wegen in Reichweite des wütenden Flusses zu siedeln gezwungen waren!

In einer Beschreibung der „Churbairischen Haupt- und Residenzstadt" von 1803 ist zu lesen: „Die ausgetretene Isar hat in den Jahren 1462, 1463, 1477, 1485 und 1491 große Verwüstungen in der Nähe der Stadt verursacht. Im Jahr 1624 schwoll die Isar durch anhaltende Regengüsse so gewaltig an, dass man in den nahe gelegenen Krautgärten mit Flößen fahren konnte. Im Jahre 1729 standen das Lehel und die Au unter Wasser, und abermals im Jahr 1739 so sehr, dass am unteren Lehel einige Häuser zusammenstürzten und alle Anger bis Thalkirchen hinauf einen See bildeten. Die neuesten Überschwemmungen ereigneten sich in den Jahren 1783, 1786 und 1795".

Natürlich suchte die Isar ihre Anrainer auch im 19. Jahrhundert zur Genüge heim. Immer wieder mussten sich die Betroffenen aufs Trockene flüchten und das Nötigste ihrer ohnehin sehr bescheidenen Habe retten.

Das Hochwasser hatte freilich auch, wenn man zeitgenössischen Berichten Glauben schenken soll, einigen Unterhaltungswert. Sobald es sich in München herumgesprochen hatte, dass die Isar wieder einmal über die Ufer getreten war, strömte allerlei Volk hinaus vor die Stadt, wo es Schadhaftes zu besichtigen gab. Als bevorzugte Aussichtsplattformen

dienten dabei die Brücken, von ihnen aus ließ sich die dämonische Kraft der braunen Fluten hautnah miterleben.

Am 13. September 1813 vertraute man wohl zu sehr dem massiven Steinbau der Ludwigsbrücke. Um das Schauspiel von Überschwemmung und Zerstörung besser genießen zu können, versammelte sich auf ihr ein zahlreiches Publikum. Vielleicht hoffte es auf den alsbaldigen Einsturz des Kaiserwirtshauses, das Isarfluten bereits unterspülten. Zu sehr war man offenbar in den Anblick des tosenden Elements versunken, als dass man dem Kutscher eines Bräuwagens zuhören hätte können, der das Wanken der Brücke bereits verspürt hatte und entsprechend warnte.

Als das erste Joch einstürzte, war man wohl vor Schreck gelähmt, und die dann ausbrechende Panik sorgte auch nicht gerade für einen geordneten Rückzug. Als dann die Wassermassen der Ludwigs-

Blick auf die noch ungebändigte Isar....

Darstellung der Katastrophe vom 13. September 1813.

Die am 14. September 1899 infolge Hochwassers
eingestürzte Prinzregentenbrücke.

brücke den Rest gaben, rissen sie an die 200 Schaulustige in die Tiefe, wovon die Hälfte den Tod fand.

„Ein großes Unglück! Gott bewahre uns in deiner unendlichen Güte!" Die flehentliche Bitte auf einer zeitgenössischen Darstellung war auch nötig, denn zwanzig Jahre später beraubte die Isar die Praterbrücke einiger Joche, und 1837 suchte sie den Abrecher heim, jene Einrichtung, mit der man Bauund Brennholz aus dem Fluss fischte. Fünfzehn Jahre später standen die kleinen Herbergen am Gries bis zum Dach im Wasser.

Doch gegen Ende des 19. Jahrhunderts legte Fortschritt der Isar Fesseln an. Nun sollten Regulierungsmaßnahmen die Vorstadt schützen, so dass sich der Grundwasserspiegel um sechs Meter senkte. Das Lehel wurde dadurch wiederum zum beliebten Siedlungsgebiet.

Einmal aber griff die Isar noch an. So als wollte sie sich ein letztes Mal der Zähmung widersetzen, trat sie im September 1899 über die Ufer. Und ihre Kraft reicht aus, um die Prinzregentenbrücke, ein erst vor wenigen Jahren errichtetes technisches Wunderwerk, abzumontieren. Beim Wiederaufbau verzichtete man auf die hochgelobte Stahlkonstruktion der Vorgängerin und verließ sich wieder auf den bewährten Stein.

Inzwischen ist die Isar handzahm. Dämme, Kanäle und Speicherseen haben sie diszipliniert. Aus der isara rapidus, der Reißenden, ist eine Rinnende geworden, die nur selten ahnen lässt, wie gewalttätig sie einmal war. Gegenwärtig wird jedoch viel Mühe, Phantasie und Geld aufgewendet, um der Isar wenigstens im Münchner Stadtbereich etwas von ihrem natürlichen Aussehen zurück zu geben.

Die „gezähmte" Isar heute.

FLÖSSEREI

Etwa dort, wo heute die Lukaskirche steht, war im alten Lehel die Holzlände. Auf Illustrationen aus dem 15. Jahrhundert ist sie bereits abgebildet, was bekundet, dass man schon früh Bauholz aus dem Oberland in der Vorstadt anlandete, wo es zurechtgeschnitten und verarbeitet wurde.

Bei der Floßlände lagerte das Nutzholz. Von dort bezogen die zahlreichen Sägemühlen des Lehels Baumstämme, aus denen sie Bretter, Balken und Bohlen schnitten, um die Schreiner, Zimmerleute und Wagner mit dem nötigen Material zu versorgen. Im Lehel lebten viele vom Holz. Die Flöße dienten der Personenbeförderung und dem Warentransport, weil die Isar wegen ihres Gefälles und der unregelmäßigen Wasserführung nicht schiffbar ist.

Nicht nur landwirtschaftliche Erzeugnisse aller Art gelangten so vom Oberland nach München, auch handwerkliche Produkte waren bevorzugte Güter. Und den Münchner Geschlechtern, den Freisinger Domherren und den Landshuter Herzögen schwammen auf diese Weise die begehrten Tiroler Weinfässer bis vor die Tische. Denn der gehobenen Bedarfsdeckung war der Weg geebnet, weil Herzöge, Edelleute, Prälaten und Mönche vom Zoll befreit waren. Für das niedere Volk gelangte, zwar nicht zollfrei aber auf demselben Weg, bevorzugtes

Tölzer Bier und die Tölzer Möbel für die Dienstbotenkammern nach München.

> „Mir fahrn nach Minga mitm Floß,
> des geht vui schnella als wia mitm Roß, "

dichtete der Volksmund in Erinnerung an die Tatsache, dass es sich auf verbundenen Baumstämmen relativ gut reisen ließ. Mit dem „Ordinarifloß" gelangte man für zwölf Kreuzer nach Freising, nach Passau kostete die Fahrt einen Gulden und dreißig Kreuzer, eine Wienreise drei Gulden. Dieser Fahrpreis galt allerdings nur dann, wenn sich der Passagier mit einem Platz unter freiem Himmel beschied, unter einem Dach kostete es doppelt so viel.

Kostenlos, aber gewiss nicht zum Nulltarif, wurden jene Söldner befördert, die dazu bestimmt waren, den Ruhm des Landesherrn zu mehren. Als Max Emanuel sich vor Wien gegen die Türken hervortat, dienten ihm die Flöße aus dem Oberland als bewährte Truppentransporter.

Wer heute in Begleitung von Dixieland-Musik auf einem Gaudifloß von Wolfratshausen nach Thalkirchen schaukelt, wird sich wohl kaum einen Begriff davon machen, wie schwer und gefährlich der Beruf des Flößers einst war. Die Floßbesatzung tat gut daran zu lernen, wie man mit einem unberechenbaren Gebirgsfluss umgeht. Es war nicht ratsam, sich von seinen Wellen in trügerische Sicherheit wiegen zu lassen, wenn sie scheinbar geduldig das Floß auf ihren Schultern trugen. Die Isar konnte unvermutet in Kurven schießen und einen unaufmerksam gewordenen Wellenreiter aus dem Sattel werfen. Sie änderte ständig ihren Lauf und war immer für eine Überraschung gut. Wo eine Woche zuvor noch ruhiges, tiefes Wasser die vertäuten Baumstämme sicher geleitete, konnte kurz darauf eine Untiefe oder ein Hindernis lauern.

**Die Flößerei – ein hartes, gefährliches Gewerbe.
Votivbild in der Tölzer Leonhardi-Kapelle.**

Flößerwirtschaft „Zum Grünen Baum" an der Unteren Lände. Öl auf Leinwand von Joseph Stephan um 1760.

Wen die Isar einmal in den Griff bekam, den ließ sie so schnell nicht mehr los. Dann konnte sie nicht nur den Ertrag vieler Wochen vernichten, sie wurde auch manchem Flößer zum nassen Grab. Aus dieser Sicht war es gewiss ein Fortschritt, als in der zweiten Hälfte des 19. Jahrhunderts der Bauholztransport von der Eisenbahn übernommen wurde.

HOLZGARTEN

In der Münchner Gegend ist die Heizperiode lang. Das erfährt jeder spätestens dann, wenn die Energierechnung präsentiert wird. Es war aber nicht immer so, dass der Strom aus der Steckdose kam, das Stadtgas aus Röhren strömte und das Heizöl in Tanks gepumpt wurde. Auch die Fernwärme ist, wie man weiß, sehr jung. Ehe es solche Errungenschaften gab, stand ausschließlich Holz als Brennstoff zur Verfügung. Und es kostete einige Mühe und Geld, um ihn verfügbar und gebrauchsfertig zu machen.

Das Holz sorgte aber nicht nur für wohltemperierte Stuben, wenn die raue Witterung des Alpenvorlandes zum Heizen zwang, es half beim Brotbacken und Biersieden, war Voraussetzung dafür, dass Kalk und Ziegel gebrannt werden konnten, diente den Gewerben als Energieträger. Die Holzzufuhr war damals etwa so wichtig wie heute die Ölversorgung. Zunächst genügten die benachbarten Wälder, um den Münchner Brennstoffbedarf zu decken. Als aber im Laufe der Jahrhunderte die Stadt wuchs, stieg der Holzverbrauch so sehr an, dass sich die stadtnahen Forste zu lichten begannen.

Es war von alters her Pflicht der städtischen Untertanen, den Herzogshof mit Brennholz zu versorgen. Weil sich aber die Hofhaltung immer aufwändiger gestaltete und die Holzvorräte in Stadtnähe zusehends schwanden, wurde allmählich die Pflicht zur Last. Herzog Wilhelm V. hatte ein Einsehen und verfügte bereits 1584, dass für die städtische und höfische Energieversorgung neue Quellen erschlos-

Im Holzgarten lagerten die Münchner Heizmaterialvorräte. Aquarell von Joseph Puschkin.

sen werden müssten. Für den Transport von Massengütern bot sich jedoch damals nur der Wasserweg an: „Die Bauern in den Gebirgen sägen in ihrer Heimat die Bäume nach einem bestimmten Maß ab und werfen sie in die Isar, wo sie dann bis nach München herschwimmen. Zur Zeit, wo dies geschieht, schließt man vermög starker Balken den so genannten Abrechen oder großen Wasserfall auf allen Seiten und öffnet einen Seitenkanal, durch welchen das ankommende Holz, das man Triftholz nennt, bis nach dem Holzgarten geführt und da niedergelegt wird."

Lorenz Westenrieder schildert hier sehr bildhaft, auf welche Weise der Waldreichtum des Oberlandes gegen Ende des 18. Jahrhunderts in die Residenzstadt gelangte.

In der niederschlagsreichen Zeit von Juli bis September hatte die Trift ihre Arbeitsspitze. Und wo heute beim Wehr an der Praterinsel Enten sich

geruhsam treiben lassen, herrschte große Betriebsamkeit. Da stauten sich an der Abfangvorrichtung, dem erwähnten Abrecher, sieben Fuß lange Rundlinge. Um das Brennholz weiter an die Stadt heranzuschaffen, musste quer durch das Lehel der Triftkanal gegraben werden.

Wo dann im Norden der Vorstadt der erforderliche Platz war, legte man in günstiger Lage zur Residenz den Holzgarten an. Die städtische Energieversorgung wurde also für Jahrhunderte vom Lehel aus gewährleistet. Zu dieser Holzlagerstätte gehörte ein ausgeklügeltes System von Becken, die durch Dämme voneinander getrennt waren. Schleusen steuerten die Trift, sorgten für eine ausgeglichene Verteilung. Und wenn so ein Becken voll war, ließ man einfach das Wasser ab, und das Holz lag auf dem Trockenen.Der Holzgarten verschaffte manchen Lehelern ein bescheidenes Einkommen.

Schließlich mussten die Holzvorräte zerkleinert und sachgemäß gelagert werden, damit für einen optimalen Heizwert gesorgt war. Zudem war es wegen der Gefahr des Funkenflugs streng verboten, grünes Holz zu verfeuern. Eine vernünftige Maßregel, wenn man bedenkt, wie damals Hausdächer, Kamine und Feuerstellen beschaffen waren.

Bei der Brennholzversorgung genossen Hof und Adel und die landesherrliche Beamtenschaft den Vorrang. Wenn diese sich eingedeckt hatten, durfte auch die Münchner Bürgerschaft zugreifen.

Für arme Leheler war das teure Brennmaterial oft kaum erschwinglich, weshalb sie sich bald den Ruf erwarben, geschickte Holzdiebe zu sein. Wer wollte in der Not auch noch frieren, wenn er vor der Haustür das größte Brennholzlager des Landes vorfindet! Ein Wächter, der ein Häuschen im Holzgarten bewohnte, hatte dafür zu sorgen, dass die Selbstbedienung nicht ausuferte.

Der technische Fortschritt grub auch der Trift das Wasser ab. Fortan rollten auf der Schiene Holz und Kohlen in die Stadt. Da brauchte keiner mehr einen Triftkanal, 1887 füllte man ihn ein. Die Triftstraße, die nun an seiner Stelle das Lehel durchquert, mag gelegentlich an den einstigen Holztransport erinnern.

Jenem Gelände, auf dem vor Zeiten die Münchner Brennholzvorräte gestapelt lagen, sieht heute keiner mehr die frühere Aufgabe an. Auf diesem Areal haben sich Landesvermessungsamt, Wirtschaftsministerium, Bezirksfinanzdirektion und Nationalmuseum ausgebreitet.

Häuschen des Holzgartenwächters.
Aquarell von Joseph Puschkin um 1890.

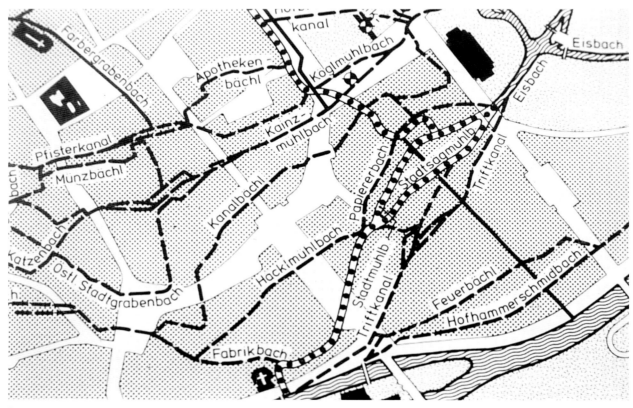

Die Lehel-Bäche....

Lehel-Patscher

LEBEN AM WASSER

Wer auf der Prinzregentenstraße zwischen dem Haus der Kunst und dem Nationalmuseum unterwegs ist, mag sich zwischendurch vom Verkehrsgetriebe ab und dem Englischen Garten zuwenden. Vielleicht vergisst er sogar für einen Moment die Eile und verharrt für einen Augenblick, um sich vom gleichmäßig strömenden Wasser beruhigen zu lassen. Wildromantisch stürzt es dort über eine Kas-

kade, die keine Naturlaune, sondern die ordnende Hand des Künstlers errichtet hat. Stimmungsvoll fügt sich dieses Felsgebilde zwischen Bäume und Büsche ein, als Teil jener gestalterischen Phantasie, die vor zweihundert Jahren aus einer Auwildnis einen Volkspark schuf. Aber wo kommt auf einmal das viele Wasser her? Plötzlich schießt es hervor aus dem Untergrund der Prinzregentenstraße, um sich im Englischen Garten als Eis- und Schwabin-

Bachszene an
der Liebigstraße.
Aquarell von
Joseph Puschkin
um 1890.

Der Hammer-
schmiedbach
vor der
Überbauung.

Die „Idylle" am Bach. Aquarell von Joseph Puschkin um 1895.

ger Bach zu verzweigen. An dieser Stelle zeigt sich auch heute noch der amphibische Charakter des Lehels. Ein Gewirr von Wasserläufen, die von der Isar gespeist wurden, durchzog einst die Vorstadt. Und wenn auch viele Bachbette inzwischen trockengelegt sind, im Untergrund fließen noch immer mit beträchtlicher Strömungsgeschwindigkeit mehrere Stadtbäche. Man sieht sie nur nicht mehr, weil eine neue Zeit mit spezifischen Bedürfnissen die Wasserläufe überwölbt hat. Vor hundert Jahren mochte mancher noch romantischen Empfindungen erlegen sein, wenn er Muße hatte, das Lehel beobachtend zu durchstreifen.

Nach getaner Arbeit oder an Feiertagen war es gewiss eine kurzweilige und aufschlussreiche Unterhaltung, von Fenstern und Vorgärten aus das

Treibgut in den Bächen zu begutachten. Sie erzählten von verwehten Hüten, entglittenen Brautsträußen, ausgedientem Mobiliar, ertrunkenem Federvieh und anderen kleinen Alltagstragödien. Die Bäche waren Adern, in denen das Leben pulsierte.

MÜLLER

Schon früh verstand man sich im Lehel darauf, die Wasseradern zu nutzen. Bereits 1331 wird erstmals die Köglmühle in einer Stiftungsurkunde Ludwigs des Bayern erwähnt. Ihr Mühlrad klapperte nicht weit von der Stelle, wo heute die Verkehrsströme von Altstadtring und Prinzregentenstraße zusammenfließen. Angetrieben wurde es vom Köglmühlbach, der am Ende des 19. Jahrhunderts einer modernen Verkehrsplanung im Weg war. Er wurde zunächst überwölbt und beim Bau des Altstadtrings trockengelegt.

Man versetze sich ins 18. Jahrhundert. Vor der mächtigen Wehranlage der Neuen Veste nimmt sich die Köglmühle klein und bescheiden aus, in Ihrem Umfeld herrscht jedoch reger Betrieb. Pferdegespanne und Ochsenkarren liefern Getreide aus den umliegenden Dörfern an oder transportieren Mehl zu den städtischen und vorstädtischen Bäckermeistern. Mahlknechte schleppen Getreide- und Mehlsäcke, Fuhrknechte kommandieren lautstark ihre Zugtiere und knallen mit den Peitschen. Dazu klappert die Mühle und es rauscht der Bach.

Den größten Teil des Mahlgutes verbraucht die Hofpfisterei. Seit 1621 ist sie mit der Köglmühle verbunden, um auf diese Weise die höfische Brotversorgung sicher zu stellen.

Diese Mühle erfüllte über Jahrhunderte ihren Zweck, bis sie den Erfordernissen unserer Zeit nicht

mehr gewachsen war. Zu Beginn des vergangenen Jahrhunderts stellte sie, wie die meisten Mühlen dieser Art, ihren Betrieb ein.

Die Wasserkraft diente nicht nur der Mehlerzeugung. Im Lehel standen viele Mühlen, die mit ihrer Hilfe die wichtigsten Stoffe ver- und bearbeiteten: Holz, Stein, Eisen, Kupfer, Papier und Gewürze. In der Vorstadt standen die Räder kaum einmal still.

Wo heute die Liebherrstraße in die Thierschstraße mündet, stand einst die Hacklmühle. Sie war lang im Besitz von Jesuiten und diente als Fourniersäge, ehe sie ab 1720 als Schneidemühle Stämme von der nahen Floßlände in Bretter, Balken und Bohlen verwandelte, um eine wachsende Stadt mit Bauholz zu versorgen.

Auch für diese Mühle schlug zu Beginn unseres Jahrhunderts die letzte Stunde, als Elektrizität die Antriebskräfte des Hacklmühlbachs bedeutungslos gemacht hatte. Auf dem Gelände ließ sich zunächst

Die Hacklmühle. Aquarell von Joseph Puschkin um 1890.

die Münchner Rückversicherungsgesellschaft nieder. Dann erwarb die Franz Eher Nachfolger GmbH das Gebäude, um dort ein großes Verlagshaus zu errichten.

Seit 1918 wurde der Eher-Verlag vom zwielichtigen Rudolf von Sebottendorf, dem Chef der Thule-Gesellschaft, als Redakteur betreut.

Aus dieser obskuren Vereinigung gingen später Nazigrößen wie Rudolf Heß, Hans Frank und Alfred Rosenberg hervor. Im Eher-Verlag erschienen auch „Mein Kampf" und der „Völkische Beobachter". So entstand an der Stelle der einstigen Hacklmühle das größte Verlagsimperium des 3. Reichs, als dessen Eigentümer Adolf Hitler firmierte. Er kannte die Gegend recht gut. Hatte er doch fast ein Jahrzehnt in Nachbarschaft zu seinem späteren Verlagshaus gewohnt.

Kostbares Gut verarbeitete die Gewürzmühle. Pfefferkörner, Zimtstangen, Nelken und andere Kostbarkeiten mussten aus fernen Kontinenten herangeschafft werden, um einheimische Speisen schmackhafter zu machen. Meist kamen die Gewürze von Venedig oder Genua über die Alpen, ehe sie im Lehel verarbeitet wurden. Offenbar waren jedoch die Mengen so gering, dass man bald den Betrieb auch auf andere Produkte ausdehnte. In der Gewürzmühle wurde Holz geschnitten, Getreide vermahlen, wurden Farbstoffe hergestellt. Dort zerkleinerte man auch „Krätz", ein wichtiges Pulver für die Goldschmiedekunst. Es bestand überwiegend aus Ziegelmehl und diente der Abscheidung des Goldes von anderen Substanzen.

Heute erinnern ein Straßenname und eine Gaststätte an die Gewürzmühle.

Der Eher-Verlag im Haus der einstigen Hacklmühle.

Hofhammerschmiede von Birchmoser und alte Klarer-Mühle an der Maximilianstraße, abgebrochen 1894.

Die Existenz eines Kupferhammers in der Isarstraße (heute Widenmayerstraße) macht deutlich, dass im Lehel auch das Ausgangsmaterial für Kirchendächer zurechtgeschmiedet wurde. Die Errichtung öffentlicher Bauten im 19. Jahrhundert verschaffte dem Kupferhammer manchen Auftrag.

Dasselbe gilt auch für den Eisenhammer in der Thierschstraße. Ihm hatte die heraufziehende Industrialisierung gute Geschäfte beschert, ehe sie ihn überflüssig machte. Im Lehel gab es zwei Papiermühlen, die ihre Antriebsenergie vom Papiererbachl bezogen. Wieder einmal spielte das Holz als Ausgangsmaterial eine wichtige Rolle.

Die Bauarbeiten an der Residenz, in Nymphenburg und in Schleißheim bescherten auch der Hofgipsmühle viel Arbeit. Aufwändige Stuckaturen verlangten nach dem begehrten Material. Auch eine Hofsteinsäge (Triftstraße/Thierschplatz) profitierte von der fürstlichen Baulust.

Damit aber die Mühlenromantik des alten Lehels nicht allzu sehr der Verklärung anheim fällt, sei hier eine kurze Schilderung aus dem Buch „Wir sind Gefangene" eingefügt, die deutlich macht, wie Oskar Maria Graf in der Tivoli-Mühle den Alltag erlebt hat:

„Der Obermüller stand schon da und sah auf die Uhr. Kaum schlug es sechs, begann er zu rennen. Fast wie aufgezogen. Die Arbeiter fuhren mit dem Aufzug in die verschiedenen Stockwerke. Ich musste beim Alten bleiben. Er brüllte mich an, als ich so dastand und nicht wusste, was jetzt zu geschehen habe, und drückte mir einen Besen in die Hand. Ich kehrte mechanisch auf, obwohl nichts aufzukehren war. Dann schrie plötzlich der Obermüller und winkte mir.

,Stell dich da her, da kommen Säcke herunter, fang sie auf und trag' sie weg ... da hinten hin ... Und aufeinanderschichten!' befahl er mir.

Ich musste nun an die Mündung einer durch die Decke herunter laufenden Holzrinne und hatte die Säcke, die vom vierten Stock herunterrutschten, aufzufangen. Kaum hatte ich mich richtig versehen, da sauste schon ein Sack daher. Und - plumps,

Tivolimühle.

Blick von der Tivolibrücke nach Norden, Februar 1901...

... und neunzig Jahre später.

da lag ich hingeschlagen und das Mehl spritzte aus dem geplatzten Sack.

Ich hatte weder Übung noch Kraft genug, um so etwas schon zu leisten. Der Obermüller stand da, ich sah ihn fauchen und fluchen, dann an der Rinne stehen, die Mehlsäcke aufhalten und sie wegschwingen. Dienstbeflissen wie ich war, wollte ich sofort den Besen nehmen und das Mehl aus dem zersprungenen Sack aufkehren. Da, plötzlich, drehte sich der Alte um und rannte auf mich zu: ‚Daher! Das tut man nachher!'

Und nun zeigte er mir das Auffangen. Das ging den ganzen Vormittag. Die Ballen meiner Hände waren am Mittag wund gerieben und brannten entsetzlich. Ich zeigte sie dem Obermüller. Er lächelte und sagte: ‚Das vergeht schon mit der Zeit ... Das haben wir alle gehabt.'

Nachmittags musste ich mit noch etlichen Arbeitern vom Aufzug weg Säcke tragen. Es wurde verladen. Anfangs brach ich zusammen. Als mich alle auslachten, kam mir die Wut. Dann ging es. Ich schleppte atemlos. Abends war mein Rücken wund und als ich mich auszog, klebte das Hemd an der offenen Haut."

WÄSCHER

Nicht nur für die Müller war das Arbeitsleben hart. Die Bäche dienten auch als Lebensquell für ein Gewerbe, das den Lehelern ihren Spitznamen verliehen hatte: „Patscher"".

Zwei Dinge waren wichtig: Fließendes, halbwegs sauberes Wasser und Grünflächen. Mit dem Wasser konnte man einweichen, waschen und spülen, im Gras legte man die Wäschestücke zum Bleichen aus.

Bald zeigte sich, dass das Lehel die ideale Gegend war, um verschmutzte Textilien in saubere zu verwandeln. Wer an einem der zahlreichen Bäche wohnte, und eine Wiese zur Verfügung hatte, konnte sich einen Steg bauen, der ihm dann das fließende Wasser zur Erwerbsquelle machte. Denn in der Stadt ging es oft so eng her, dass jeder, der es sich

halbwegs leisten konnte, seine Wäsche in der Vorstadt waschen ließ.

Es gehörte zum Straßenbild, dass Hausknechte und Dienstmädchen auf Leiterwagen und Handkarren Wäschekörbe durch die Gassen zogen. Besonders feine Herrschaften, vor allem die höfischen von der nahen Residenz, bemühten für solche Beförderungszwecke livrierte Kutscher und Pferdegespanne.

Manchmal wollte ein glücklicher Umstand, dass die Wäsche noch nicht ganz trocken war oder eine andere Verzögerung eintrat. Dann ergab sich die Gelegenheit zu einem Plausch oder einem Flirt mit Wäschern und Waschermadln. Auch lange Arbeitstage von Domestiken benötigten kleine Pausen und Freuden. Wenn ein Kutscher es sich leisten konnte, überbrückte er die Wartezeit in einer der zahlreichen Wirtschaften.

Lange Zeit war die schwere und ungesunde Tätigkeit am kalten Bach eine Männerarbeit gewesen. Nach und nach mutete man jedoch auch Frauen dieses Geschäft zu. In aller Frühe und bei jeder Jahreszeit – die Fließkraft der Strömung sorgte dafür, dass das Wasser auch bei großer Kälte kaum einmal zufror – standen die Wäscher und Wäscherinnen auf ihren Stegen um zu bürsteln, zu schwenken und zu wringen. Ihr Aufwand stand nicht im Verhältnis zum Ertrag: Wäscherdienste wurden, wie schwere und unangenehme Arbeiten allgemein, schlecht entlohnt. In der Vorstadt zählten die Wäscher zu den ärmeren Schichten.

AM GRIES

Am Gries herrschte bis zum Ende des vorigen Jahrhunderts reger Betrieb. Wenn Hofbedienstete oder Herrschaftsgesinde schmutzige Wäsche anlieferten und saubere abholten, wurde nicht nur gewerkt und gerechnet, es gab auch manches zu erzählen, was trübe Tage aufzuhellen imstande war. Gerade weil das Leben am Gries hart war, entbehrungsreich und nicht sehr gesund, verstand man sich darauf, jede Gelegenheit der Daseinsverschönerung zu nutzen.

Es zierte nicht nur viel Blumenschmuck Fenster und Gärten, auch drei Wirtshäuser – der „Morgenstern", der „Burenwirt" und der „Zach" erfreuten sich regen Besuchs. Zum Geschäftsgang trug auch akademische Prominenz bei. Studenten und Künstler fühlten sich wohl in einer ärmlichen Umgebung, wo es lustig zuging.

Als es vor der Wende zum zwanzigsten Jahrhundert Mode wurde, „aus grauer Städte Mauern" hinauszuziehen, war das Gries ein beliebtes Ziel. Ein Gedicht von Otto Julius Bierbaum mag uns als Beweis dafür gelten:

Jeanette
Was ist mein Schatz? Eine Plättermamsell.
Wo wohnt sie? Unten am Gries,
wo die Isar rauscht, wo die Brücke steht,

wo die Wiese von flatternden Hemden weht:
da liegt mein Paradies.
Ein Bett, ein Stuhl, ein Tisch, ein Schrank
und mittendrin ein Mädel schlank,
meine lustige liebe Jeanette.
Braune Augen hat sie, wunderbar,
in wilden Ringeln hell braunes Haar,
kirschrote Lippen, ein schwellendes Paar.
Jeanette! Jeanette!

Die bewunderte und verehrte Jeanette starb ziemlich früh an Lungentuberkulose – 1913 im blühenden Alter von 22 Jahren.

Damals hatte der Gries seine beste Zeit bereits hinter sich. Der Hofhammerschmiedbach war überbaut, und zur Isar hin versperrten Herrschaftshäuser die Sicht.

Häuserzeile am Gries, rechts der Turm des Vincentinums. Öl auf Leinwand von Bert Mallad, 1960.

Das malerische Gries - auch ein Ort der Armut.

Die kleine Wäschersiedlung war eingesperrt zwischen Vincentinum und Widenmayerstraße. Trotzdem wurden noch zwei Weltkriege überlebt, auch wenn die kleine Wäschersiedlung von Bomben nicht verschont blieb.

Als dann der Zweite Weltkrieg überstanden war und die Ansprüche sich noch in bescheidenen Grenzen hielten, blühte der Gries ein letztes Mal auf. Der Beitrag von Liselotte Schwarzmann in der Münchner Stadtzeitung vom 13. Oktober 1950 zeichnet noch einmal ein Bild vom alten Lehel, ehe die Vorstadtromantik verwelkte:

STILLER WINKEL „AM GRIES"

„Gleich um die Ecke herum bei uns heißt „Am Gries". - Eingebettet zwischen der sauberen Rückfront des Vincentinums und den anspruchsvollen hochstrebenden Rücken der Widenmayerstraße liegt es, das Gries. Überall hat sich der Holunder ausgebreitet, wo immer er in ein Stückchen Erde seinen Samen säen konnte, an Zäunen und Mauerlücken. Gegen die Reitmorstraße zu steht noch ein alter kerniger Apfelbaum als letzter Zeuge eines einstigen Obstgartens. Auch in diesen stillen

Winkel, wo der Verkehrslärm des neuen München nur gedämpft hereindringt, haben die Bomben ihr Ziel gefunden, aber noch stehen genug alte einstöckige Bauernhäuser um ihm einen dörflichen Charakter zu geben. Die Dächer, oft barock geschweift, sind noch mit braunen „Fuchsschwänzen" gedeckt. Auf einem sitzt der Kamin windschief, gleich einer halbaufgezogenen Ziehharmonika.

Bläulich-grün, schmutzig-rosa und weiß sind die Häuser getüncht. Durch das graue Weiß schimmern hier und dort die verschiedenen Anstriche aus noch älterer Zeit. Um die Fensterrahmen wuchern Gera-

nien, Petunien und Fuchsien. An einem Fenster versucht sogar ein Oleanderstock sich breit zu machen. Zu jedem Haus gehört ein kleiner Garten, ein winziges, von Latten eingezäuntes Viereck. Mit bäuerlichem Schönheitsgefühl sind die Gärten angelegt, und obwohl ich noch nie jemand hier habe gärtnern sehen, sind sie doch niemals ohne Blüten und Farbe. Jetzt haben die Astern die dicken Moosrosen, den Phlox, Rittersporn und Löwenmaul, Malven und Sommerblumen abgelöst, die vordem bis an den Dachfirst reichten."

Der „Morgenstern", eine beliebte Wirtschaft um 1909.

Schreinerwerkstatt im Lehel um 1935.

Handwerk und Gewerbe

WICHTIGE BERUFE

Im Wirtschaftsleben der Vorstadt spielte das Handwerk eine bedeutende Rolle. Daran änderte auch eine um sich greifende Industrialisierung zunächst wenig. Ein Handwerksmeister konnte sich, sofern er tüchtig und sparsam war, bescheidenen Wohlstand erarbeiten. Das wurde ermöglicht von Handwerksgesellen, deren Ansprüche sich in engen Grenzen bewegten. Bis zum Ende des 19. Jahrhunderts wohnten sie beim Meister, aßen an dessen Tisch mit und mussten sich mit geringem Lohn zufrieden geben. Ihr Arbeitstag dauerte vom frühen

Morgen bis zum Sonnenuntergang. Dabei zählten sie noch zu jenen Begünstigten, denen die Eltern durch Zahlung eines Lehrgelds an den Lehrherrn eine Berufsausbildung ermöglicht hatten. Schließlich eröffnete ihnen der Gesellenbrief die Möglichkeit, selbst einmal Meister zu werden. Ein hohes Ziel, das nur wenige erreichten.

Besonderen Stellenwert hatte im Lehel das Bauhandwerk. Zuwanderung und Siedlungsdruck sorgten für eine günstige Auftragslage. Es waren Zimmermeister, Schreinermeister, Schlossermeister

Lebensmittelladen in der Lerchenfeldstraße am 13. Juli 1910.

und vor allem Baumeister, die da unten an der Isar geordnete Wohnverhältnisse schufen. Ganz ohne Stadtplaner.

Auf dem Bau herrschte eine Hierarchie, an deren Spitze der Baumeister fungierte. Er trug die Verantwortung für alles, was dort geschah. Der Berufsstolz der Zimmerleute ist bis heute offenkundig, er wurde aber noch übertroffen vom Selbstbewusstsein der Maurer. Sie waren es auch, die als erste eine geregelte Arbeitszeit am Bau durchsetzten. Was ihnen den Ruf eingebracht hat, beim Feierabendmachen besonders pünktlich zu sein.

Maurer befehligten auch die große Schar der Un-

gelernten, die sich als Mörtelrührer, „Vogeltrager" und Kraxenschlepper verdingten. So ein „Vogel", gefüllt mit Mörtel und auf schwankenden Leitern nach oben gewuchtet, beugte die Rücken, dasselbe konnte man von den Kraxen der Steintrager behaupten.

Fleiß und Tüchtigkeit des Bauhandwerks hätten bald nachgelassen, wäre da nicht ein funktionierendes Lebensmittelgewerbe um das leibliche Wohl bemüht gewesen. Bald nach Mitternacht fing in engen, verwinkelten Kellerbackstuben der Bäckeralltag an. Holzöfen, in deren Höhlung erst ein Feuer niederbrennen musste, ehe man die Asche ausräumen und backen konnte, kühlten schnell ab, der Vorgang wurde also mehrmals wiederholt. Ein Vierzehnstundentag war die Regel. Deshalb galt die „Bäckerschwelk" als ein zuverlässiges Erkennungsmerkmal. So bezeichnete man jene berufsspezifische Neigung der Bäcker einzudämmen, wenn die Situation es erlaubt: Sobald ein „Loabeschmied" zur Ruhe kam, fielen ihm die Augen zu.

In der nächtlichen Backstubenhetze war zum Augenschließen wenig Gelegenheit. Der Bäckermeister, auch Pfister genannt, hatte zusammen mit seinen Gesellen und Lehrlingen alle Hände voll zu tun, um Teig zu kneten, Brotlaibe zu formen, Semmeln zu „schleifen", Brezen zu drehen und den Ofen zu beschicken.

Wer die Wurst zum Brot lieferte, musste auch früh aufstehen, besonders an Schlachttagen. Dann war in Hinterhöfen, in denen meistens die Schlachthäuser untergebracht waren, Hochbetrieb. Zwischendurch zogen Meister und Gesellen durch be-

nachbarte Dörfer wie Haidhausen, Bogenhausen oder Schwabing ins „Gäu", um Vieh zu kaufen und heim zu treiben. Die dabei geführten Verkaufsgespräche galten als bühnenreif.

Aufwändige, von Handarbeit bestimmte Herstellungsverfahren verteuerten die Waren. Gegen Ende des 19. Jahrhunderts mussten Arbeiter ein Kilo Fleisch mit dem halben Tagelohn bezahlen, Fleisch und Wurst waren für viele in der Vorstadt eine Kostbarkeit.

Das beliebte Getränk, in Bayern ein Volksnahrungsmittel, lieferte hauptsächlich die Klosterbrauerei von Sankt Anna. Ihre Bräuknechte versorgten das Lehel mit Bier, indem sie schwere und ungesunde Arbeit verrichteten. Da war viel keimende Gerste zu wenden, Lagerfässer mussten gereinigt werden, in nasskalter Kellertemperatur; in der Hitze des Sudhauses galt es kräftig umzurühren, damit die Maische nicht anbrannte. Es bedurfte vieler Handgriffe, ehe eine frische Maß auf dem Tisch

Ohne Reklame ging auch vor dem Ersten Weltkrieg nichts.

stand. Gegen Ende des 19. Jahrhunderts nahm der Bierkonsum so zu, dass er die handwerkliche Braukunst überforderte.

Deshalb entstand dort, wo heute die Reitmor-, die Robert-Koch- und die Sternstraße ein „U" bilden, die Sankt Anna Brauerei. Der bürgerliche Gewerbebetrieb hatte mit dem Kloster freilich nur den Namen gemein. Die Sankt-Anna-Brauerei gab es nicht lange. Schon 1907 wurde sie von der Kochelbrauerei geschluckt, die 1920 mit der Hackerbrauerei fusionierte.

Wenn das Werktagsgewand so verschlissen war, dass es durch den Feiertagsanzug ersetzt werden musste, erinnerte man sich an den Schneider. Das geschah im Leben eines Vorstädters relativ selten. Deshalb schätze man die Haltbarkeit von Kleidungsstücken höher ein als deren modische Qualitäten.

Es gab Berufe, die waren damit befasst, möglichst strapazierfähige Stoffe anzufertigen. Der Loderer stellte jene wasserabstoßenden Wollgewebe her, die sich auch heute noch in Form von Lodenkostümen und Lodenmänteln großer Beliebtheit erfreuen. Mit Zuhilfenahme von Seifenlauge und fettem Ton verstand der Walker es, Wolle so zu verfilzen, dass langlebige Stoffe daraus entstanden.

Die Walker, die Loderer, die Pfister – sie sind verschwunden aus unserer Berufs- und Begriffswelt. Genauso wie der Rechenmeister. Der führte keine mathematischen Kunststücke vor, sondern war im Lehel dafür verantwortlich, dass angetriftetes Holz beim Abrecher ordnungsgemäß aufgefangen und weitertransportiert wurde. Auch seine Helfer, die Ländknechte und Holzschreiber gibt es nicht mehr. Und wer braucht noch einen Militärschmied, einen

Honoratioren schmeckt das Klosterbier.

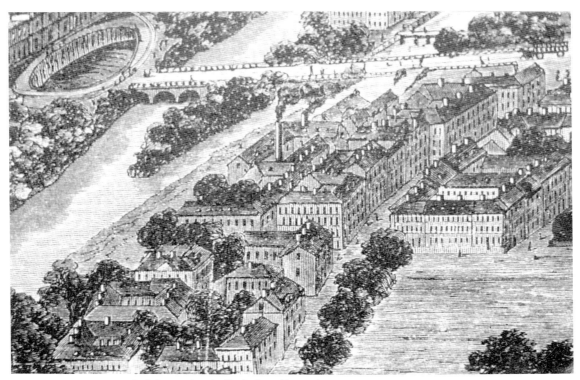

Lange rauchten sie nicht, die Schornsteine der Sankt Anna Brauerei.

Münzschlosser, einen Schnallengießer? Auch der Regendachmacher ist verschwunden, obwohl sich die Niederschläge seither kaum verringert haben dürften. Ihm ist es ähnlich ergangen wie dem Brunnenmacher, den hat das fließende Leitungswasser überflüssig gemacht.

DIE „KATTUN-MANUFAKTUR"

Handel und Wirtschaft wurden im 18. Jahrhundert weitgehend vom Merkantilismus beherrscht. England und Frankreich hatten vorexerziert, wie die Arbeitserträge eines Staates bestmöglich zu nutzen waren. Nun eiferten die Landesherren diesen Vorbildern nach. Sie trachteten danach, hochwertige Güter zu exportieren und strebten eine aktive Handelsbilanz an. Die Potentaten bemühen sich um die Erschließung fremder Märkte, belegten aber die Importe mit hohen Schutzzöllen. Auch hochwertige Rohstoffe und qualifizierte Arbeitskräfte hielt man im Land zurück. Wenn diese Planwirtschaft trotzdem eine Weile funktionierte, dann wohl nur deshalb, weil die Bevölkerung schneller wuchs als die Herstellung von Gebrauchsgütern. Auch künstlich verteuerte Waren fanden ihre Abnehmer.

Der Agrarstaat Bayern konnte dieser internationalen Handelsoffensive wenig entgegensetzen. Bisher hatten hauptsächlich Bauern den Landesreichtum erwirtschaftet. Wie sehr die Obrigkeit von ihrer Arbeit zehrte, mag jener launige Spruch eines munteren Adelssprosses verdeutlichen, der da meint: „Der Bauer ist wie ein Mehlsack; er staubt immer wieder, wenn man drauf schlägt".

Irgendwann hilft aber selbst das kräftigste Draufschlagen nicht mehr. Der absolutistische Staat musste sich neue Einnahmequellen erschließen, wenn Hofhaltungen finanziert und Kriege geführt werden sollten. Deshalb erfreuten sich Manufakturen steigender Beliebtheit und einer großzügigen Förderung durch den Staat. Diese handwerklichen Großbetriebe hatten den Vorteil, dass sie die Arbeit teilten und damit die Herstellung rationalisierten. Noch ehe die Dampfmaschine erfunden wurde, bereiteten Manufakturen das Industriezeitalter vor.

Auch im Lehel hielt die neue Produktionsweise ihren Einzug. Kurfürst Max Josef III. förderte 1747 die Errichtung einer Baumwollmanufaktur, indem er das Unternehmen mit großzügigen Privilegien ausstattete. Wo sich heute Adelgunden- und Mannhardtstraße kreuzen, bot sich mit der ehemaligen Stadtbleiche das passende Grundstück für die Errichtung eines solchen Betriebs an.

Am Anfang beschränkte man sich darauf, von 40 Webermeistern die Baumwollstoffe zu beziehen, um diese dann zu bedrucken und zu färben. Doch bald

Die Thiersch-Drogerie um 1910.

Schuster Johann Baptist Fuhrmann in der Adelgundenstraße 9 am 23. Juni 1917.

florierte das Geschäft so sehr, dass man die Gewebe selbst erzeugte. Wohl sehr zum Leidwesen der betroffenen Handwerksmeister. Die Firmengesellschafter – Adel, Hofbeamte und der Kurfürst – beschäftigten in Zeiten der Hochkonjunktur an die 500 Leheler. Die trugen mit ihrer Arbeit immerhin dazu bei, dass sich das Kapital mit 10% verzinste. Gegen Ende des 18. Jahrhunderts erwirtschaftete das Unternehmen einen Gewinn von 5,54 Millionen Gulden.

Nach dem Eintritt ins 19. Jahrhundert ging es mit der „Kattun-Manufaktur" im Lehel bergab. War doch das Königreich Bayern bei weitem nicht so subventionsfreudig wie einst das Kurfürstentum. Bereits

1804 schaffte es die Privilegien für die „Persfabrik", wie sich die Manufaktur im Volksmund nannte, ab. („Pers" ist die offizielle Bezeichnung für eine bestimmte Stoffart gewesen.) Der Merkantilismus galt bereits als überholt. Inzwischen war ja auch die bewährte Handels- und Gewerbestadt Augsburg von Bayern vereinnahmt, deren Belange berücksichtigt werden mussten. Einem solchen Konkurrenzdruck war die relativ teuere Lehel-Baumwolle kaum gewachsen. Und als dann auch noch Napoleon unterlag und die Kontinentalsperre fiel, drängten massenhaft englische Textilien auf deutsche Märkte. Nicht selten zu Dumpingpreisen. Das verkraftete die

Bleichwiese der Kotton-Manufaktur („Pers-Fabrik"). Ausschnitt aus einem Stadtplan von 1812.

Lehel-Manufaktur nicht lange. Unter den gegebenen Umständen ist es ohnehin verwunderlich, dass sie erst 1839 aus dem Vorstadtbild verschwand.

TABAKFABRIKEN

Ein Kraut war aus der Neuen Welt übers Meer gekommen, das mit blauem Dunst den Alltag einnebelt und Geschmacksnerven kitzelt. Kein Wunder, wenn es bald viele Freunde fand.

Für die alten Leheler war der Tabak ein kostbares Gewächs, doch der Preis bewahrte sie vor dem übermäßigen Gebrauch, das edle Kraut wollte mit Verstand genossen sein. Wenn da ein Chef seinem Untergebenen in Gönnerlaune eine Zigarre anbot, konnte es geschehen, dass der Beschenkte die kostbare Gabe schnell wegsteckte mit der Begründung: „Nein, Herr Direktor, ich brauch' kein Feuer.

Die Zigarr'n rauch ich, wenn ich einmal in besserer Gesellschaft bin".

Trotzdem muss der Tabakkonsum beträchtlich gewesen sein, denn an den Gestaden des Eisbachs soll es drei Tabakfabriken gegeben haben. Es wird berichtet von einer „kurfürstlich privilegierten Tabakfabrik des Münchner Handelsverbandes", die sich als Manufaktur auf dem „Rockerl" befand, von Antoni Tusch et Co. betrieben und später vom Großhändler Pietro Paolo de Maffei übernommen worden sein soll. Was die Qualität dieses Eisbachgewächses betrifft, sind allerdings Zweifel angebracht. Wer sich an die Zigarettenwährungszeit nach dem Zweiten Weltkrieg erinnert, weiß sehr wohl, dass das oberbayerische Klima der subtropischen Indianerpflanze nicht besonders hold ist. Und auch der heimische Boden lässt ein Sandblatt gedeihen, das man höchstens als Ausgangsmaterial für die Marke „Fliegentod" verwenden kann. Trotz ebenso vielfältiger wie phantasievoller Präparierungsversuche war der Eigenbauknaster auch von hartgesottenen Rauchern nur mit Mühe zu verkraften. Wenn der Eisbachtabak damals trotzdem reichlich Verwendung fand, hatte das zwei Gründe: Einmal waren die Ansprüche bescheiden, und zum anderen wurde damals weniger Rauch in die Lungen gepumpt – man bevorzugte den „Schmai". Man zog den Tabak als Granulat oder Pulver in die Riechorgane ein, um damit dem Himmel ein wenig näher zu kommen.

Die immer seltener werdenden Schnupfer sind nach wie vor der Überzeugung, dass der Schnupftabak das Hirn reinige und klare Gedanken mache. Demnach muss es seinerzeit im Lehel viele helle Köpfe gegeben haben. Köpfe und Körper, deren physische Belastbarkeit erheblich war. Der Eindruck entsteht jedenfalls, wenn man sich das folgende überlieferte Rezept zu Gemüte führt.

Für einen Zentner Schnupftaback bedurfte es:
50 Pfund Violwurzeln (Veilchenwurzeln)
24 Pfund Prisiltabak (Brasiltabak)
3 Pfund Virginia-Tabak-Blätter
2 Pfund Weinstein
4 Pfund Calmus
13 Pfund Zwetschgen
250 Gramm Sassafras und
viel Salzwasser

Das zog man sich also in die Nase. Aber es deutet vieles darauf hin, dass die Flößer und Holzarbeiter, die Schreiner und Zimmerleute, die Tagelöhner und Tagediebe sich dabei wohl fühlten.

BADEFREUDEN

Gegen Ende des 18. Jahrhunderts muss die vorstädtische Tabakfabrikation den Kundenwünschen nicht mehr gerecht geworden sein. Sie verschwand

Das Dianabad am Eisbach - ein zunächst vornehmes Etablissement.

Badende Kinder im Eisbach am 25. August 1911.

aus dem Lehel und machte anderen Erwerbszweigen Platz. Und an der Stelle, wo einst am Eisbach Tabakfelder geblüht und gewogt hatten, schoss ein vornehmes Etablissement aus dem Vorstadtboden. Die einstigen Jagdgründe gleich nebenan mögen die Namensgebung veranlasst haben: Dianabad nannte sich jene Nobelabsteige, die 1803 beim Englischen Garten ihre Pforten öffnete. Zur luxuriösen Ausstattung gehörten neben den 51 Hotelzimmern auch zwei geräumige, mit viel Pomp ausgestattete Festsäle. Als besondere Attraktion galten jedoch die Badewannen – aus reinem Kupfer, verzinkt. Die aufgeklärten Gäste konnten sich somit einer zeitgemäßen Reinigung unterziehen. Sehr lange war ja der regelmäßige Gebrauch von Wasser und Seife noch nicht in Mode. Vor ein paar Jahrzehnten hatte in Versailles noch eine Badewanne gereicht, und jetzt gab es im Dianabad deren viele.

Das Etablissement hatte freilich so seine Mühe, um rechtschaffen über die Zeit zu kommen. Bald blieb die renommierte Kundschaft aus, man musste sich mit minder beleumundeten Gästen bescheiden.

Das einstmals so stolze Dianabad verkam und verfiel, wie alle Bauwerke, wenn sie nicht mehr gebraucht werden. Schließlich lohnte sich nur noch das Abreißen. Heute erinnert eine kleine Straße,

die Dianastraße, im unteren Lehel an die Göttin der Jagd und ihr Bad.

Das Reinigungsbedürfnis drang sogar bis in die unteren Schichten durch. Selbst für die weniger Bemittelten gab es das Hofbad, bis es 1886 abgerissen wurde, um der Pfarrkirche Sankt Anna Platz zu machen. Es erfreute sich einer erstaunlich zahlreichen Kundschaft. Offenbar wollten die Vorstädter nicht mehr nur am Wasser wohnen, sie fingen an, es zu genießen. Bis im Lehel allerdings jede Wohnung mit einem Bad ausgestattet war, sollte es noch eine Weile dauern.

LOKOMOTIVEN

Es begann damit, dass Adelaide Henriette von Savoyen in Gesellschaft nach München übersiedelte. Als sie den Kurfürsten Ferdinand Maria heiratete, brachte sie in ihrem Gefolge „Welsche" mit, von denen sich einige in der bayerischen Residenzstadt als Künstler und Kaufleute einen Namen machten. Darunter waren auch Angehörige der Familie Maffei. Vielleicht hatten sie den Weg bereitet für jenen Pietro Paolo de Maffei, der Mitte des 18. Jahrhunderts von Trient ins Lehel übersiedelte, wo er dann eine Tabakfabrik gründete (siehe Kapitel Tabakfabriken). Als ihm am 4. September 1790 ein Sohn geboren wird, lässt er dem potentiellen Firmennachfolger die bestmögliche Bildung angedeihen. Einführungen in das Wesen der Kunst bewirken, dass der Sohn Bildhauer werden möchte. Aber eine gestrenge Vaterhand führt den Filius auf den Pfad unternehmerischer Tugenden zurück. Die Rückführungsmaßnahmen müssen sehr gekonnt erfolgt sein, denn der junge Maffei begriff schnell, dass zum erfolgreichen Geschäftsleben die politische Verbindung gehört. So zieht er 1821 in den Münchner Stadtrat ein und ist bald darauf mit dem Finanzwesen seiner Stadt so vertraut, dass er sich an mehreren Bankgründungen beteiligen kann. Die sich daraus ergebenden Verbindungen mögen ihm den Weg in den Landtag geebnet haben.

Joseph Anton Maffei erwirbt 1837 in der Hirschau eine Eisenwarenfabrik mit dem Ziel, Lokomotiven zu bauen. Schließlich hatte man eben zwischen Nürnberg und Fürth die erste deutsche Bahnlinie eröffnet und damit deutliche Signale gesetzt.

Am 7. Oktober 1841 ziehen zehn geschmückte Rösser die erste in der Hirschau gefertigte Lokomotive durch die Stadt hinauf zum Marsfeld, wo ein notdürftiger Bahnhof errichtet ist. Kein Geringerer als König Ludwig I. gibt diesem Fortschrittssymbol den Namen. Er will, dass die erste bayerische Loko-

motive „Der Münchner" getauft wird. Beflügelt vom Erfolg, vergrößerte Joseph Anton Maffei seinen Betrieb am Englischen Garten. Er ließ ein Walzwerk bauen, eine Kesselschmiede und eine Gießerei. Um die Mitte des 19. Jahrhunderts beschäftigte diese Fabrik bereits an die 150 Arbeiter, die mit Fleiß und Geschick zum Gelingen des Unternehmens erheblich beitrugen, auch wenn zunächst Schulden darauf lasteten. Da kam der Gewinn des Semmering-Wettbewerbs zur rechten Zeit: Eine Lok namens „Bavaria" hatte sich für die erste Hochgebirgsstrecke Europas als besonders tauglich erwiesen und wurde dafür mit 20.000 Dukaten belohnt.

Nun trafen Bestellungen aus allen Weltgegenden in der Hirschau ein. Auch Dampfschiffe wurden fortan im Englischen Garten hergestellt. Bald kreuzte die Maffei' sche Flotte auf dem Starnberger- und dem Ammersee.

Das 19. Jahrhundert adelte den Erfolg und die Tüchtigkeit: Ludwig II. erhob Joseph Anton von Maffei in den Ritterstand, ehe der Lokomotivenbauer aus dem Lehel am 1. September 1870 die ewige Ruhe fand. Die Grabstätte im Alten Südfriedhof wurde im Zweiten Weltkrieg von Bomben zerstört, doch es erinnern Bronzetafeln an den bedeutenden Industriepionier.

Die Belegschaft der Lokomotivenfabrik Maffei in der Hirschau 1864 – als die 500. Lokomotive hergestellt war.

Gotteshäuser

SEELENSORGEN

Der Kirchturm markierte die Mitte. Um ihn versammelte sich das Leben. Sein Glockenschlag gab nicht nur die Stunden an, er bestimmte den Jahreslauf, die Freuden und Besinnlichkeiten, das Glück und die Trauer. Ein Gemeinwesen ohne Kirche war kaum denkbar. Deshalb schmückt eine Vielzahl von Gotteshäusern die abendländische Kulturlandschaft oder das, was die Moderne von ihr übrig gelassen hat. So kommt es, dass oft Dörfer, Marktflecken und Kleinstädte mit sakralen Kostbarkeiten ausgestattet sind, die uns heute fragen lassen: Wie haben Bauern und Bürger das nur finanziert? Meistens war es die Wirtschaftkraft von Klöstern, die den Kirchenbau ermöglichte. Viele Kirchen in Städten und Dörfern waren einem Stift inkorporiert, das über ausreichend Mittel verfügte, um für Bau und Unterhalt aufkommen zu können. Patres und Fratres waren ja der Besitzlosigkeit verpflichtet, so dass sich die Erträge aus Landwirtschaft, Gartenbau und Handel in den Händen eines Klostervorstehers konzentrierten. So ist es zu verstehen, dass Klöster wie Fürstenfeld und Ettal Prachtbauten erstellten, die es mit den Domen und Münstern reicher Bürgerstädte durchaus aufnehmen können. Wenn die klösterlichen Einkünfte zur Verwirklichung eines ehrgeizigen Kirchenprojekts nicht ausreichten, fanden sich immer wieder Gönner und Spender aus allen Bevölkerungsschichten. Die Kirche war eben nicht nur Gotteshaus, sie diente auch dem Ansehen der jeweiligen Gemeinde.

Beträchtliche Steuermittel sind heute aufzuwenden, um solche Kulturzeugen zu erhalten und in die Zukunft hinüberzuretten. Wenn Restaurierungsarbeiten anfallen, sind die örtlichen Handwerker oft überfordert, weil einschlägige Fertigkeiten und Kenntnisse verlernt und vergessen wurden. Restaurateure und Stuckateure müssen von weit her verpflichtet werden, meist aus dem Ausland.

Als das Leben des Einzelnen noch fest im christlichen Glauben verankert war, muss es den Menschen ein hohes Anliegen gewesen sein, für die „eigene" Kirche zu sorgen und zu ihrer Verschönerung beizutragen.

In einer Zeit, in der Kirchen für die Gläubigen so wichtig waren, gab es im Lehel kein Gotteshaus und keinen Gottesdienst. Die Vorstadt war der Dompfarrei zugeordnet, die das Lehel seelsorgerisch nebenher betreute. Der Weg zur Sonntagsmesse, die Taufen, Hochzeiten und Leichenbegängnisse mögen nicht nur beschwerlich gewesen sein, sie waren gewiss auch demütigend. Kann man sich doch gut vorstellen, wie herablassend und verächtlich vornehm gekleidete Städter auf ärmlich gewandete Leheler herunterblickten, wenn diese zum Hochamt erschienen. Wenn nachts die Stadttore geschlossen waren, fiel der geistliche Beistand aus. Ein Sterbender, der nach der letzten Ölung verlangte, war kein Grund, um die Stadtbefestigung durchlässiger zu machen. Die Angehörigen mussten sich dann flussaufwärts in die Vorstadt Au bemühen, wo vielleicht ein Paulaner Pater bereit war, mitzukommen und den Todkranken zu versegnen. Gar mancher mag da ohne Sakrament und ungetröstet von der Welt gegangen sein. Sehr zum Leidwesen der Hinterbliebenen.

Deshalb war das seelsorgerische Defizit im Lehel ein häufig beklagter Missstand. Beherzte Bürger richteten dann auch an den Landesherrn die Bitte, er möge sie mit einer eigenen Kirche ausstatten. Da schickte es sich, dass Hieronymitaner Mönche, die am Walchensee ein Schattendasein führten, in München eine Wirkungsstätte suchten. Die Eremiten des heiligen Hieronymus waren vom Ebersberger Forst über Südtirol an den Walchensee gelangt. Nun wurden sie durch eine Klosterneugründung in der Nachbarschaft in ihrem Wirkungsbereich eingeschränkt und wirtschaftlich bedrängt. Deshalb richteten sie an Max Emanuel die Bitte, ihnen die Niederlassung im Lehel zu gewähren. Der Kurfürst genehmigte den Umzug aber erst, nachdem die sechs Patres und drei Laienbrüder ein Stiftsvermögen von

25.000 Gulden nachgewiesen hatten. Außerdem mussten sie den Baugrund besitzen und durften die Rechte der Domkirche bezüglich des Lehels nicht antasten. Im Buch „Das alte Lehel" von Christian Oppelt ist folgendes Schriftstück nachzulesen:

GESUCH DER LEHELER AN KURFÜRST MAX EMANUEL

„Ew. kurfürstl. Durchlaucht haben wir auf dem Lehel versammelte Gemeinde in tiefster Untertänigkeit zu hinterbringen, dass von einigen Jahren her auf dem Lehel und anliegenden Gegend ein so zahlreiches Volk angewachsen, dass dessen wohl 2000 Seelen mögen gezählt werden, die doch ohne Bettel größtenteils im Schweiße ihres Angesichtes ihr Stücklein Brot ehrlich zu verdienen beflissen sind. Was nun dabei am beschwerlichsten fällt, ist, dass eine so große Volksmenge ohne in dem Orte befindliche Kirchen, ohne h. Messe, auch in bester Sorge am Totenbett mit den h. Sakramenten nit versehen werden zu können, leben muss. Nach der Pfarrei U.L. Frau oder zu den Paulanern ist es zu weit. Uns mangeln die Mittel zum Kirchbau. Wenn aber die Patres Hieronymitani untertänigst supplicieren, dass sie samt ihrer Stiftung an einen Ort in Bayern transferiert werden, dass sie mit allem versehen sind und bei uns nicht betteln, wie am Wallersee, und aus eigenen Mitteln ein Kloster bauen, so setzen wir auf die Patres das größte Vertrauen."

Hueber, Gschlösselwirt
Daiser, k. Reittender und Aumeister
Stegmiller, Eisenhammerschmied
Barth. Hanfstingel, Gewürzmüller"

Am 19. Mai 1727 legte die Kurfürstin Maria Amalia den Grundstein, was im sonst so bescheidenen und stillen Lehel feierlich, freudig, ja fast überschwänglich begangen wurde.

Die vorläufige Unterkunft stellte ein kurfürstlicher Kammerdiener. Bis das Kloster gebaut und bezugsfertig war, quartierte er die Mönche in seinem Lehelanwesen ein.

Von der Grundsteinlegung bis zur Einweihung mussten immerhin zehn Jahre ins Land gehen, ehe Kloster und Klosterkirche 1737 ihren Bestimmungen übergeben werden konnten. Die Zeitspanne

Kloster und Klosterkirche Sankt Anna, ein Juwel des bayerischen Rokoko.

erscheint kurz, wenn man das Ergebnis betrachtet. Denn so, als hätte man die Versäumnisse von Jahrhunderten nachholen wollen, geriet die Klosterkirche Sankt Anna zu einer jener Kostbarkeiten, von denen eingangs die Rede war. Für Planung, Fertigstellung und Ausgestaltung waren die Besten des Landes gerade gut genug: Johann Michael Fischer leitete den Bau, die Gebrüder Asam schmückten ihn aus: Cosmas Damian gab dem Deckengemälde seine großartige Gestalt und malte die Altarblätter. Egid Quirin sorgte für den Stuck, schuf die Skulpturen und zeichnete sich für die Altaraufbauten verantwortlich. Johann Baptist Straub bereicherte die Kirche mit dem Tabernakelbau und der Kanzel.

So viel Kunst zu einem erschwinglichen Preis war nur möglich, weil die Kunstschaffenden offenbar ihrem Werk mehr Aufmerksamkeit widmeten als den Einkünften. Die menschliche Arbeitskraft der Handwerker und Taglöhner aus dem Lehel war ohnehin billig zu haben. Insgesamt trugen hier wie andernorts alle dazu bei, eine Spätzeit noch einmal im vollen Glanz erstrahlen zu lassen. Die schöpferischen Kräfte einer zu Ende gehenden Epoche sammelten sich, als wollten sie dem Händlergeist und dem heraufziehenden Nützlichkeitswahn einer letzten Widerstand entgegensetzen. Ist es etwa ein Zufall, wenn an der Nahtstelle zum Industriezeitalter die Künste blühen wie kaum einmal zuvor?

Nicht nur Musik und Literatur erlebten in dieser Zeit ihre Höhepunkte, das Rokoko verschwendete noch einmal Farbe und Licht, als ahnte es jene dunklen Wolken aus Schornsteinen und Kanonenrchren, die sich bereits am Horizont abzeichneten.

Die Freude der Leheler über Klosterpracht, Klosterspeisung und Klosterbier währte 65 Jahre. Dann passte es nicht mehr ins Weltbild, wenn Nonnen

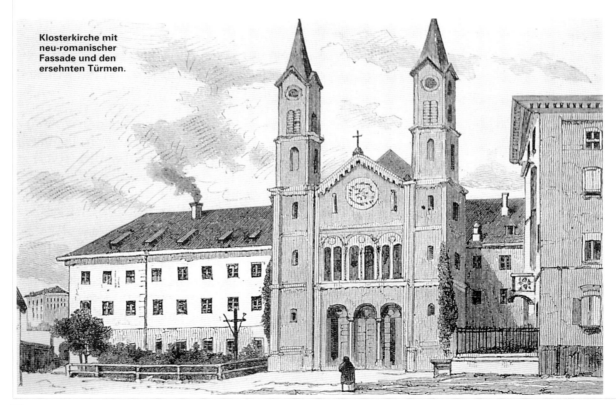

Klosterkirche mit neu-romanischer Fassade und den ersehnten Türmen.

**Blick von der Pfarrstraße auf Sankt Anna.
Aquarell von Josef Puschkin 1883.**

**Kirche und Kloster nach dem Bombenangriff
vom 3. Oktober 1943.**

und Mönche nur noch fromme Dienste verrichteten und zu wenig zum Wirtschaftswachstum beitrugen. So dachten jedenfalls Nützlichkeitsfanatiker, die der modernen Zeit das Wort redeten und den Klöstern die Existenzberechtigung absprachen.

Das Lehel hatte Glück. Während andernorts Kirchen geschleift und unersetzliche Werte verschleudert wurden, blieb Sankt Anna erhalten. Doch im Dezember 1807 erging aus der königlichen Residenz an die letzten drei Patres der Räumungsbefehl, damit Platz geschaffen wurde für 236 Mann Soldaten. Jene Kulturbarbarei, die als „Säkularisation" in den Geschichtsbüchern steht, führte auch andere Klosterbauten einer modernen Nutzung zu. Bezeichnenderweise wurde das Augustinerkloster zur Mauthalle. Dem Lehel ließ man die Klosterkir-

che und stattete es sogar mit einer eigenen Pfarrei aus. Aber staatliche Verbote und Verfügungen sorgten dafür, dass das Kirchenjahr viel von seiner volkstümlichen Buntheit einbüßte. Es durften keine Bittgänge mehr stattfinden, die Christmette um Mitternacht war untersagt, Krippen wurden aus dem Verkehr gezogen. Der moderne Staat sah sich dem verpflichtet, was er als Vernunft begriff.

Zwanzig Jahre musste man warten, bis sich der blinde Eifer gelegt hatte. Inzwischen war nach Napoleons Niederlage und dem Wiener Kongress das eingekehrt, was man neudeutsch als eine Wende bezeichnen würde. Vor allem Ludwig I., Bayerns neuer König, sah sich der Wiederherstellung früherer Verhältnisse verpflichtet und sorgte dafür, dass im Sankt-Anna-Kloster wieder Mönche einzogen.

Das Herz des Lehels –
Ein Ruinenfeld.

Franziskaner sollten es sein, das war sein persönlicher Wunsch.

Als die Mönche 1827 im Lehel ihren Einzug hielten, freuten sich viele Bedürftige, denen nun wieder Armenspeisung und Klosterbier zugute kamen. Inzwischen war, den Verheißungen der Stadt folgend, viel Volk vom Land in die Vorstadt gezogen, um dem Fortschritt ein wenig näher zu sein.

Das spendenfreudige Lehel ermöglichte 1845 eine längst fällige Renovierung. Hundert Jahre hatten am Bauwerk genagt, und der Rauch von vielen Kerzen war am kostbar gestalteten Kircheninnern nicht

spurlos vorüber gezogen. Bei genauerer Betrachtung offenbarte sich mancher Schaden, der eiligen Blicken verborgen war. Es bröckelte der Verputz, es gab Risse im Mauerwerk, und das Dach war schadhaft.

Die erforderlichen 34.319 Gulden wurden ausschließlich durch Spenden aufgebracht. Eine beachtliche Leistung, wenn man berücksichtigt, wie arm die Vorstadt im 19. Jahrhundert noch war. Dafür wollte die Gemeinde eine Außenfassade, die dem Zeitgeschmack entsprach. August von Voit kleidete die Rokokokirche in eine neuromanische Backsteinfassade. Endlich sollte das Lehel auch zwei Kirchtürme mit Glocken und einer Uhr bekommen, was lang gehegten Wünschen entsprach. Vor allem aber war es notwendig geworden, das Fassungsvermögen der Klosterkirche einer wachsenden Gemeinde anzupassen.

Hundert Jahre nach dieser Renovierung lagen Kloster und Kirche in Schutt und Asche. Der Luftangriff vom 25. April 1944 lässt Wilhelm Hausenstein in sein Tagebuch schreiben: „Ein Besitz des Abendlandes ist zertrümmert. Man steht entsetzt, entsetzt und noch einmal entsetzt."

Erhaltene Pläne ermöglichten es, dass die Rokokokirche rekonstruiert werden konnte. Man ging 1965 sehr stilgetreu vor und verzichtete auf die Wiederherstellung des neuromanischen Beiwerks. Vielen Lehelern gefiel das gar nicht. Sie wollten ihre Türme, Glocken und Uhren wieder haben. Inzwischen hat sich jedoch das rekonstruierte Gotteshaus einen festen Platz in den Herzen der Vorstadtbevölkerung erobert.

Demnächst wird sich die Gemeinde wieder einmal an Veränderungen gewöhnen müssen: Das Kloster beabsichtigt, Gebäudeteile, die es nicht mehr benötigt, zum Abriss und für den Wohnungsbau frei zu geben. Vom Erlös soll künftig die Altersversorgung von Patres gesichert werden. Der schöne Klostergarten bleibt erhalten. Er wird sogar aufgewertet, weil sich demnächst eine Baulücke schließen soll, was den Verkehrslärm vom Altstadtring her dämpft. Und die Franziskaner zentralisieren sich künftig im Lehel, sorgen damit für den Fortbestand eines Kulturjuwels. Ein Teil der Klostergebäude wird jetzt zur Eigentums-Wohnanlage – im Auftrag der Patres – umgebaut.

SANKT ANNA

In der Klosterkirche von Sankt Anna wurde es eng, denn die Zahl der Gläubigen hatte sich seit ihrem Bau vermehrt. Es war also an der Zeit, eine weitere Kirche zu bauen, die dem Bevölkerungswachstum gerecht werden konnte. Weil aber das Lehel immer noch ein armes Viertel war, zogen sich die Erwägungen und Überlegungen aus finanziellen Gründen in die Länge.

Da starb 1880 der Privatier Georg Herndl und hinterließ der Pfarrgemeinde ein Grundstück. Bei aller Vorsorge für das Seelenheil hatte der Verstorbene der testamentarischen Verfügung auch eine praktische Fußnote angehängt: Auf dem Grundstück soll die neue Kirche errichtet werden. Wenn aber innerhalb der nächsten fünf Jahre kein Anfang gemacht ist, fällt der Baugrund an die anderen Erben zurück. Damit setzte er die Kirchenplaner unter Druck.

Der St. Anna-Platz vor dem Bau der Pfarrkirche.

Unter dem Vorsitz des Kunstmalers und Akademieprofessors Rudolf von Seitz fand sich ein Bauausschuss zusammen, der zunächst die wichtigsten Fragen klärte. Es wurde auch ein Kirchenbauverein gegründet, dem vor allem die Aufgabe zukam, für die erforderlichen Geldmittel zu sorgen. In relativ kurzer Zeit kamen immerhin 105.000 Mark Spendengelder zusammen. Da ließ sich auch die Stadt nicht lumpen und legte 100.000 Mark dazu. Und die Staatskasse gewährte, weil nun einmal ein sichtbarer Grundstock gelegt war, sogar einen Zuschuss von 500.000 Mark. Damit konnte man beginnen.

Zunächst musste noch Baugrund zugekauft werden, weil sich das „Gartl" des seligen Herndl als viel zu klein erwies. Für den Erwerb des benachbarten Montgelas-Schlösschens und des Hofbads musste man sich von 210.000 Mark des kostbaren Baukapitals trennen. Sparsamkeit blieb deshalb erstes Gebot, und der 1885 ausgeschriebene Wettbewerb setzte den Teilnehmern ein Baukostenlimit von 550.000 Mark, das unter keinen Umständen überschritten werden durfte. Gabriel von Seidl, der Gewinner, war deshalb gezwungen, von seinen ursprünglichen Plänen erhebliche Abstriche zu machen, um sich an die vorgegebene Höchstbausumme zu halten. Trotzdem wollte er etwas Bedeutendes schaffen, das dem Denken und cem Stil seiner Zeit entsprach. Die Vorbilder für seine Kirche standen im französischen Cluny und im rheinischen Köln. Verkörperungen des romanischen Baustils also, deren künstlerischen Wert man erneut zu schätzen begann. Schließlich gab es seit fünfzehn Jahren wieder ein deutsches Kaiserreich, Grund genug, um der Phantasie ein wenig Auslauf ins Mittel-

Baugrube der Pfarrkirche Sankt Anna.

alter zu gewähren und dieses nostalgisch zu verklären. Man war vom Zeitgeist des Historismus erfüllt, deshalb sollte die neue Pfarrkirche im Lehel auch ein Produkt seiner Vorstellungen werden. Aber wie einst Maximilian II. die Gotik nicht einfach abkupfern ließ, so beabsichtige auch Gabriel von Seidl keine platte Kopie der Romanik. Er lehnte sich lediglich an das historische Vorbild an, um etwas Eigenes, ein Original zu schaffen. Heute erweist es sich, dass, trotz aller Kopierfreude, ein unverwechselbarer Stil entstanden ist, der dem Anspruch auf Eigenwert durchaus gerecht wird.

Eine romanische Basilika steht meistens auf einer Erhebung, damit sie herausragen kann aus dem profanen Leben. Woher aber nimmt man in einer Gegend, die Jahrtausende von den Hochwassern der Isar eingeebnet wurde, ein solches Podest? Da war es von Vorteil, dass zur selben Zeit im Lehel viel eingerissen und erneuert wurde. Es fiel also Bauschutt an, der, zu einer Terrasse aufgeworfen, der Vorstadtbasilika den Kirchberg ersetzen sollte. Nun konnte sie sich, wie es ihr zukam, über die Bürgerhäuser des Sankt-Anna-Platzes erheben. Nachdem 1887 der Grundstein gelegt war, wuchs der Bau allmählich in die Höhe. Obwohl es manchmal schien, als wollten Widerstände ihn verhindern. Eine überaus schlechte Witterung und so mancher Arbeitsunfall bereiteten erhebliche Schwierigkeiten, und die Arbeitsmoral scheint wohl auch nicht mehr das gewesen zu sein, was sie in vorindustrieller Zeit beim Bau des Sankt-Anna-Klosters noch gewesen war. Als dann auch noch Pater Helan, der Regisseur und Antreiber, 1890 plötzlich starb, schien sich alles gegen den Bau verschworen zu haben.

Am 22. Oktober 1892 war es endlich so weit. Morgens um fünf weckten Böller das Lehel, auf dass ja kein Gläubiger den großen Tag verschlafe. Um acht Uhr beraumte Erzbischof Antonius von Thoma eine frühe Weihe an, ohne Rücksicht auf die zahlreich teilnehmende Prominenz. Und das anschließende Pontifikalamt hielt die Festgäste – aus heutiger Sicht unvorstellbar lang – bis 15 Uhr in der neuen Kirche. Doch dieses Ereignis wurde, wie man immer wieder liest, von der Vorstadtbevölkerung nicht nur feierlich, sondern auch freudig begangen. Nun konnte jeder sehen, dass er nicht umsonst gespendet hatte. Zu den vielen Kleinbeträgen war auch mancher Brocken gekommen: Gabriel Sedlmayr, der Spatenbräu, Franz von Defregger, der Maler, und Josepha Erbshäuser, die Hofkonditorin – sie hatten nicht unerheblich dazu beigetragen, dass das Lehel künftig um seine neue Kirche beneidet wurde. Trotzdem kam der Bau weitaus billiger als die Errichtung von Kirchen, die zur selben Zeit in anderen Stadtvierteln entstanden: Sankt Benno in Neuhausen kostete 700.000 Mark, und Sankt Paul beanspruchte gar 1,2 Millionen. Im Lehel konnte der Kostenrahmen jedoch nur deshalb eingehalten werden, weil viele Künstler auf ihr Honorar verzichteten und nur die Materialkosten ersetzt bekamen.

Die neue Sankt-Anna-Kirche sollte nun leider bald auch ein Ort sein, wo Trost und Hoffnung gesucht wurde in einer Zeit, in der so manchen Leheler der Heldentod ereilte. Wer hätte bei der Einweihung schon gedacht, dass bald ein Weltkrieg nie gekannten Ausmaßes die Menschen heimsuchen würde. Auch die schweren Jahre nach dem Kriegsende von 1918 hielten genügend Anlässe bereit, damit für eine Besserung der Verhältnisse gebetet werden konnte.

Die Kirche war gerade 40 Jahre alt geworden, da ging es ungemein aufwärts. Das meinten jedenfalls viele. Nicht nur in der Vorstadt. Da wurde aus dem Pfarrhof ein Hitler-Jugend-Heim, und während des Gottesdienstes standen Aufpasser herum, die auf unbotmäßige Predigten zu achten hatten. Die Glocken, einst auf das Parsifalmotiv eingestimmt, durften ihren 50. Geburtstag nicht mehr erleben. Ausgerechnet am Gründonnerstag des Jahres 1941 wurden sie (bis auf eine) abtransportiert, um Waffenschmieden als Rohstoff zu dienen. Sankt Anna und Sankt Joachim, die beiden größten Glocken, konnten ihres Umfangs wegen nicht abgeseilt werden. Man zertrümmerte sie deshalb am Glockenstuhl, so dass die Hammerschläge schaurig vom Turm über die Vorstadt hallten, als hätten sie das Verhängnis

Innenraum
der St.-Anna-
Kirche nach
Beseitigung
der Kriegs-
schäden.

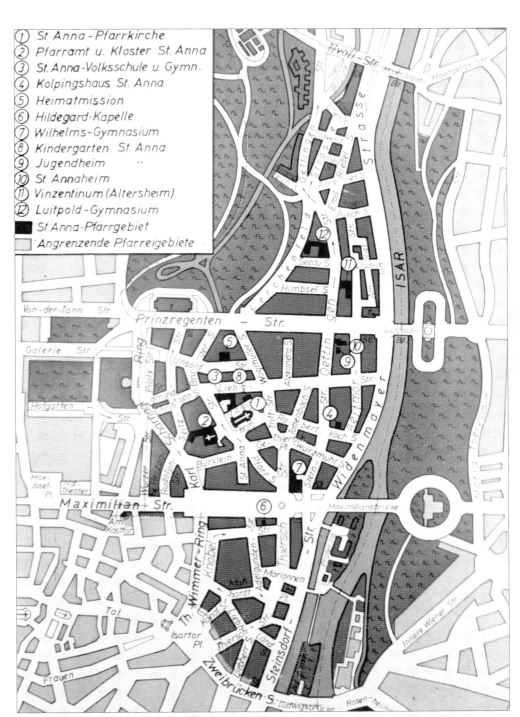

1. St. Anna-Pfarrkirche
2. Pfarramt u. Kloster St. Anna
3. St. Anna-Volksschule u. Gymn.
4. Kolpingshaus St. Anna
5. Heimatmission
6. Hildegard-Kapelle
7. Wilhelms-Gymnasium
8. Kindergarten St. Anna
9. Jugendheim
10. St. Annaheim
11. Vinzentinum (Altersheim)
12. Luitpold-Gymnasium

St. Anna-Pfarrgebiet

Angrenzende Pfarreigebiete

Das St. Anna-Pfarrgebiet ist auch heute noch das Herz des Lehels.

Schulausflug zur St. Anna-Kirche 1993.

ankündigen wollen, welches bald nicht nur das Lehel heimsuchte. Wenig später fielen die ersten Bomben. Immer wieder wurde auch die Kirche von ihnen getroffen. Das Dach, der Turm und die Empore wurden erheblich beschädigt. Nur der tatkräftigen Hilfe vieler Leheler, die in dieser Zeit wahrlich auch noch andere Sorgen hatten, ist es zu verdanken, dass die Pfarrkirche nicht das gleiche Schicksal ereilte wie die Klosterkirche. Es blieb immerhin so viel von ihr übrig, dass nach dem Krieg ein Neubeginn relativ bald möglich war.

Den verbliebenen Lehelern – es waren 1945 nur noch 4000, alle anderen waren evakuiert worden oder aufs Land geflohen – mochte ihr wiederhergestelltes Gotteshaus die Hoffnung gegeben haben, dass es auch mit dem Wiederaufbau vorangehen würde. Noch hielten sich die Ansprüche in bescheidenen Grenzen.

Dann kam das, was man als „Wirtschaftswunder" zu bezeichnen pflegt. Doch je üppiger sich die

Schaufenster und Kaufhäuser mit Warenpracht füllten, desto heftiger scheinen die Kunstsachverständigen von der Askese befallen worden zu sein. Kunstschöpfungen des 19. Jahrhunderts, die der Neugotik und der Neuromanik entstammten, hielt man in Expertenkreisen für wertlos. Nach Auffassungen der damaligen Zeit beeinträchtigten Altäre, Wandbemalungen und Mosaiken, die solchen Stilrichtungen angehörten, den architektonischen Gesamteindruck. Was man 1954 bei der ersten Nachkriegsrenovierung zu entfernen vergessen hatte, wurde 1972 aus der Pfarrkirche verbannt. In der Annahme, dass dadurch die Raumwirkung verstärkt würde, tauchte man das Kircheninnere in antiseptisches Weiß. Nur einem massiven Bürgerprotest ist es heute zu verdanken, dass der Hochaltar erhalten blieb.

Inzwischen haben sich Expertenmeinungen geändert. Heute werden Speicher und Lagerräume eifrig nach neugotischen und neuromanischen Überresten durchsucht, die der Zerstörung und Verschleuderung entgangen sind. Und wenn etwas gefunden wird, versickert es häufig in dunkle Kanäle, weil sich inzwischen der Kunstmarkt für derlei Gegenstände interessiert. Seit 1984 denkt man auch in Stilfragen wieder großzügiger und erlaubt manchem verbannten Gegenstand die Rückkehr in die Pfarrkirche Sankt Anna. An Sonntagen ist Sankt Anna heute regelmäßig der Ort für die Gottesdienste der frankophonen Gemeinde Münchens.

DIE LUKASKIRCHE AM KAI

Heute gibt es im Lehel viele Christen evangelischen Glaubens. Bis gegen Ende des 18. Jahrhunderts hatte man dort eine rein katholische Gegend vorgefunden. Ein „Lutherischer" im Lehel – kaum vorstellbar. Man hätte ihn zwar nicht mehr als Ketzer verfolgt, aber besonders freundlich wäre man mit einem Protestanten nicht umgegangen. Die Stimmung änderte sich, als Max Joseph IV. 1799

in Bayern Kurfürst wurde. Schließlich war die Kurfürstin eine Lutherische, die ihren Glauben in München hoffähig machte. Nebenbei führte sie auch noch den Christkindlmarkt und den Christbaum ein. Das Münchner Stadtregiment betrachtete solches mit Argwohn, aber die Landesherrin konnte man schlecht verketzern. Und so beschränkte sich der Magistrat zunächst auf Rückzugsgefechte. Er verweigerte 1801 dem Weinwirt Michael hartnäckig das Bürgerrecht und die Konzession, weil er protestantischen Glaubens war. Im Vertrauen auf die Toleranz des neuen Landesherrn hatte Michael, von Mannheim kommend, sich in München niedergelassen, um Wein auszuschenken. Das wurde ihm erst gewährt, nachdem der Kurfürst für ihn ein Machtwort gesprochen hatte.

Bald bewegten einschneidende Veränderungen die Waagschale zugunsten des Protestantismus. Während der Katholizismus durch die Säkularisation erhebliche Einbußen erlitt, kamen mit der Gründung

Eine evangelische Kirche in einem katholischen Viertel – das war erst gegen Ende des 19. Jahrhunderts möglich.

Innenraum der Lukas-Kirche.

des Königreichs Landschaften mit überwiegend protestantischer Bevölkerung zum bayerischen Staatsgebiet hinzu. Die neuen Untertanen in Franken, Schwaben und der Pfalz pochten auf eine freie Religionsausübung, die ihnen die Verfassung von 1818 auch gewährte.

Von 1808 bis 1880 versechsfachte sich die Zahl der Leheler. Und unter den vielen Zuzüglern waren natürlich auch evangelische Christen, die eine eigene Kirche haben wollten. Nach der Matthäuskirche und der Markuskirche sollte ein drittes Gotteshaus entstehen, das der anderen Konfession vorbehalten war. Die Frage war nur – wo? Schließlich entschied man sich für das Areal, auf dem sich die Untere Lände einst befunden hatte, ehe sie überflüssig geworden war.

Den Münchner Planungsbehörden war sehr daran gelegen, die eben errichteten Isarkais mit einem repräsentativen Bau zu schmücken. Als Baumeister

empfahl sich ein Mann, dem schon einiges geglückt war: Das Kustermannhaus, die Börse, mehrere Bankgebäude und jene Synagoge am Lenbachplatz, die von den Nazis später abgerissen werden sollte, hatte Albert Schmidt erbaut, ehe man ihn mit dem Neubau der Lukaskirche betraute.

Wie Gabriel von Seidl, so war auch Albert Schmidt vom Historismus beeinflusst. Er orientierte sich am Übergangsstil des 13. Jahrhunderts, bei dem die späte Romanik bereits gotische Elemente aufweist. Wie sein berühmter Kollege verstand Schmidt es jedoch, mit Zuhilfenahme der mittelalterlichen Vorbilder etwas Eigenständiges entstehen zu lassen.

Nach der relativ kurzen Bauzeit von dreieinhalb Jahren konnte die Kirche am ersten Adventstag des Jahres 1896 ihrer Bestimmung übergeben werden. Seither überragt ihre imposante Kuppel die Isarpromenade und verleiht ihr ein würdiges Aussehen.

Zum Glück blieb die Lukaskirche am Mariannenplatz von den Bomben des Zweiten Weltkriegs einigermaßen verschont. Es fielen ihnen nur die wertvollen Glasfenster zum Opfer, die aber nach dem Krieg nahezu gleichwertig ersetzt werden konnten.

Mit seinen 1700 Sitzplätzen mag das Gotteshaus heute manchmal zu geräumig wirken. Immerhin ist die Wohnbevölkerung des Lehels geschrumpft, was sich wohl ebenso reduzierend auf den Kirchenbesuch auswirkt wie Münchens Freizeitwert.

Sankt Lukas aber wird nicht veröden. Längst hat sich diese Kirche als Pflegestätte der Musik neuen Ruhm erworben. Zunächst war es Karl Richter, der dort für hochqualifizierte Aufführungen sorgte. Auch Sergiu Celibidache nutzte den sakralen Raum als Konzertzentrum, als die Philharmonie am Gasteig noch im Bau war. Dabei zeigte es sich freilich, dass die neue Nutzung mit dem ursprünglichen Zweck nicht so ohne weiteres in Einklang gebracht werden

konnte. Gerade die majestätische Kuppel erwies sich als ein akustisches Problem. Aber Meister Celibidache erfand so genannte Schallsegel, die mit Flaschenzügen hochgezogen wurden, um den Nachhall zu dämpfen. Zum Glück wurde die Philharmonie 1985 eröffnet, so dass man die Improvisationszeit in der Kirche ohne größere Unfälle und Personenschäden überstand. Die hätten sich aber einstellen können, nachdem Mittel für die Instandhaltung eines Gebäudes knapp wurden, an dem der Zahn der Zeit nagt. Unlängst löste sich das Fragment einer Rosette und landete im Kinderspielplatz beim Kirchenschiff, auf dem zu dieser Zeit glücklicher Weise nicht gespielt wurde. Sankt Lukas hat wohl seine schützende Hand darüber gehalten. Man sollte sich aber nicht grundsätzlich auf die schützende Hände von Heiligen verlassen. Deshalb ist man bereits seit einiger Zeit dabei, die Kirche am Kai aufwändig zu renovieren.

Blick von der Kohleninsel auf die winterliche Lukas-Kirche.

OHEL JAKOB

Auch Juden gehörten zum Lehel. Mitte des 19. Jahrhunderts, im Zuge der Niederlassungs- und Gewerbefreiheit, kamen jüdische Mitbürger, vor allem aus den jüdischen Gemeinden in Bayrisch-Schwaben und Franken, in die Vorstadt. Gebildete Freiberufler zog es an die Isar, als dort Gebäude mit gehobenem Wohnkomfort errichtet wurden. Da hatten Ärzte und Rechtsanwälte ihre Praxen, Fabrikanten, Künstler und Gelehrte fanden ein angenehmes Zuhause. Sie dachten und wählten überwiegend liberal, manchmal auch deutsch-national. Unter Künstlern und Schriftstellern sympathisierten manche mit den Sozialdemokraten, als das noch gefährlich war. Alle begriffen sich als Deutsche und als Bayern.

Der Liberalismus unter den Juden schied gegen Ende des 19. Jahrhunderts die Geister. Es gab noch welche, die dem Glauben der Väter innig verhaftet waren und den Neuerungen ablehnend gegenüber standen. Deshalb gründeten sie im Lehel eine Gemeinde in der Gemeinde: „Ohel Jakob" – Zelt Jakobs – nannte sich dieser Glaubenskreis. Er lehnte das reformierte Gebetbuch ab und wollte weder Orgeln noch gemischte Chöre in der Synagoge haben. In der Herzog-Rudolf-Straße fand sich ein Betsaal, wo die orthodoxe Gemeinde ihre Gottesdienste feiern konnte. Die liberale Mehrheit war wohl von dieser Sezession nicht begeistert, duldete aber, der Grundeinstellung gemäß, die eigenen Wege der Minorität. Und diese Minderheit hatte Gönner. Die spendeten an die 250.000 Mark, damit bald eine Synagoge den Betsaal ersetzen konnte. Am 25. März 1882 wurde der neuromanische Sakralbau, errichtet von August Exter, seiner Bestimmung übergeben. Drei Jahrzehnte später konnte er die Gläubigen kaum noch aufnehmen, weil die Gemeinde sich inzwischen verdreifacht hatte. Ohel Jakob beschränkte sich nicht auf Religion und religiöse Bildung, auch die Schule war der Gemeinde ein Anliegen. Deshalb richtete sie 1921 an die Regierung von Oberbayern ein entsprechendes Gesuch. Drei Jahre später entstand neben der Synagoge ein Schulgebäude, das vier Klassen aufnehmen konnte. 1924 ahnte kaum einer, dass man in elf Jahren noch größer werden musste. Auf höchsten Befehl. Denn inzwischen war in Deutschland eine Zeit angebrochen, zu der keine jüdisch-deutschen Kinder neben anderem deutschen Nachwuchs geduldet wurden. So entstanden neben der Synagoge eine Volksschule und eine Berufsschule für jüdische Schüler, die aus ihren ehemaligen Schulen vertrieben worden waren.

Der Bildungsbetrieb währte nur drei Jahre. Am 9. November 1938 gingen Schulen und Synagoge in Flammen auf. Feuerwehren waren auch angerückt, die aber hatten strenge Order, nur das Übergreifen des Feuers auf Nachbargebäude zu verhindern.

Die Synagoge Ohel Jakob nach ihrer Zerstörung in der Reichspogromnacht von 9. November 1938.

Schulwesen

VOLKSBILDUNG

Im Lehel gab es bis ins 18. Jahrhundert hinein keine Schule. Es ist aber kaum anzunehmen, dass die Vorstädter diesen Bildungsnotstand als besonders bedrückend empfunden hätten. Ihre Sorgen waren anderer Art. Bei der Bewältigung ihres Alltags kam es auf Fertigkeiten und Kenntnisse an, die man in keiner Schule lernt. Der Nachwuchs musste, kaum dass er laufen gelernt hatte, tüchtig mithelfen: In den Werkstätten, Hinterhöfen, Ställen und Gastwirtschaften gab es viele Tätigkeiten, die auch von kleiner Hand verrichtet werden konnten. Ein geregelter Schulbetrieb hätte nur Arbeitskräfte abgezogen.

Bildung, sofern es sich um die schulische handelte, war ohnehin ein Luxus, den sich nur wenige leisteten. Die Schulmeister waren in Zünften organisiert und deshalb darauf bedacht, dass dieses Gewerbe nicht überhand nahm. Schließlich wollten sie alle leben. War doch das Bildungsinteresse manchmal so gering, dass die Einkünfte kaum ausreichten, um den Unterhalt zu bestreiten. Deshalb gingen die Lehrer Nebenbeschäftigungen nach, die sich kaum mit der geforderten Autorität vereinbarten. Wenn sie Schreibarbeiten übernahmen, konnte das noch angehen. Mitunter verdienten sie sich jedoch ein Zubrot als Hochzeitslader oder gingen gar betteln, wenn der Hunger

Hier erteilte der Lehrer Glor den ersten Unterricht im Lehel. Aquarell von Joseph Puschkin.

Später wurde aus der Schule der „Starnberger Hof", ein Wirtshaus.

sie dazu zwang. Dass es auch an anderen Dingen mangelte, beweist der altbairische Vergleich, der sagt: „Mich friert wie einen nackerten Schullehrer".

Auch die Obrigkeit war zunächst nicht sonderlich daran interessiert, dass das einfache Volk zu gebildet wurde. Kurfürst Maximilian – im 17. Jahrhundert ein aufrechter Kämpfer für den Katholizismus – sorgte höchstpersönlich dafür, dass in seinem Herrschaftsbereich die Breitenbildung nicht zu sehr um sich griff. Seit der Erfindung der Buchdruckerkunst war schließlich allerlei Schrifttum im Umlauf, dessen Inhalt den Überzeugungen des Fürsten widersprach. Es genügte, wenn der Pfarrer den Katechismus erklärte, die Bibel brauchte keiner lesen zu können. Vor allem nicht, seit Luther sie 1534 übersetzt hatte. Inzwischen wusste man, welche brisanten Stellen die Bibel enthielt.

Es war deshalb nicht überraschend, als eine Bildungserhebung um 1788 offenbarte, dass von 1400 Münchner Kindern gerade vier richtig lesen und schreiben konnten. Zu einer Zeit, in der sich die deutschen Klassiker anschickten, das Volk durch Bildung zu veredeln.

Nein, man kann nicht behaupten, dass sich die Volksbildung einer besondern Förderung erfreut hätte. Und in der Vorstadt führte sie ein Schattendasein.

Der erste namentlich überlieferte Schulmeister im Lehel nannte sich Ulricht Troost. Der Umstand, dass von ihm nur der Name überliefert ist, lässt bescheidene Bildungserfolge vermuten. Johann Ulrich Glor hinterließ deutlichere Spuren. Seit 1771 wirkte er im Lehel und brachte es sogar zu einem Haus, in dem er Vorstadtkindern einen halbwegs geregel-

St. Anna-Schule

Mit der St. Anna-Schule kam der moderne Unterricht ins Lehel.

ten Unterricht erteilen konnte. Glor war der einzige Hausbesitzer unter den Münchner Lehrern. Er konnte bereits auf eine allgemeine Schulpflicht verweisen, die seit 1770 in einer Schulordnung verfügt war. Befolgt wurde sie freilich zunächst nur sehr zögerlich. Erst Montgelas und das neue Bayern sollten den staatlichen Bildungsforderungen zu Beginn des 19. Jahrhunderts Nachdruck verleihen. Bis es jedoch so weit war, lag bei der Vorstadtbildung gar manches im Argen.

„Die ... Schule auf dem Lehel scheint bloß Gesellschaftsraum zu sein, wo die Kinder öfter zusammenkommen, um sich zu unterhalten", moniert ein städtischer Schulaufseher. Im selben Bericht beklagt er sich auch über einen Lehrer Agricola, der selbst während des Unterrichts die Schlafmütze nicht abnehme.

Als erstes Resultat einer aufklärerischen Bildungsbeflissenheit wird im Lehel 1799 eine ausgediente Stadtsäge zur ersten öffentlichen Schule erhoben. Wer nun geglaubt hatte, die Vorstädter wären von dieser Errungenschaft entzückt gewesen, sah sich getäuscht. Schon bald nach der Eröffnung beklagt sich die Aufsichtsbehörde, dass in die neue Schule weniger Kinder gingen als in die alte. Mag sein, dass ein gestraffter Unterricht mit höheren Ansprüchen so gar nicht den Belangen einer vielbeschäftigten Vorstadtjugend entsprach.

Das zu Beginn des 19. Jahrhunderts gegründete Königreich Bayern sorgte nicht nur für einen halbwegs geordneten Schulbetrieb, es hob auch die soziale Stellung der Lehrer. Ein Hauptlehrer bezog nun ein Jahreseinkommen von 500 Gulden, und auch die Lehrgehilfen wurden entlohnt, wenn auch nur sehr bescheiden. Die napoleonischen Kriege machten den Staat nicht eben reicher, und zu allem Unglück war das Jahr 1817 eine einzige Katastrophe, was die Witterung betraf. Es soll sogar im Sommer geschneit haben, so dass kaum etwas geerntet wurde. Das trieb die Preise in die Höhe und machte die Armen noch ärmer. Und weil eine allgemeine Notlage auch öffentliche Kassen strapaziert, hatte die Bildung zunächst zurückzustehen. Andererseits wurde im Lehel eine Schulerweiterung dringend notwendig, weil immer mehr Leute zuzogen. Inzwischen gab es in der Vorstadt über 500 schulpflichtige Kinder.

Viele von ihnen mussten froh sein, wenn sie in so genannten Winkelschulen notdürftig das ABC vermittelt bekamen. Das waren finstere Kammern und Schuppen, in denen halbe Analphabeten ihr spärliches Wissen für geringen Lohn weitergaben. Die Schulordnung hatte in dieser Notzeit viel von ihrer verpflichtenden Wirkung eingebüßt.

Schließlich kaufte die Stadt 1821 das Kollmayrschlößchen, eine alte Villa mit wechselvoller Vergangenheit. Sie stand etwa da, wo heute die Liebigstraße in die Sankt-Anna-Straße einmündet. Der bauliche Zustand ließ allerdings einige Wünsche offen. Mit diesem Erwerb hatte jedoch der Schulbetrieb im Lehel einen Standort gefunden, der auch heute noch seinen Zweck erfüllt. Zwanzig Jahre später machte der anhaltende Zuzug einen Neubau erforderlich, der neben dem Kollmayrschlößchen weitere 250 Schüler aufnehmen sollte. Man hatte bei seiner Gestaltung an manches gedacht. Beispielsweise an zwei Eingänge, damit die männliche und die weibliche Jugend auf getrennten Wegen den Hort der vorstädtischen Bildung zustreben konnten, und die Moral nicht gefährdet war. Dafür waren aber nur drei Türen mit der Aufschrift 00 vorgesehen.

Fortan ging alles seinen neuzeitlichen Gang, wie wir ihn kennen. Im Ersten Weltkrieg kam die Sankt-Anna-Schule noch glimpflich davon. Sie wurde lediglich zur Kaserne für Soldaten des Leibregiments umfunktioniert. Der nächste Krieg setzte ihr stärker zu, 1945 stand nicht mehr viel.

Die St. Anna-Schule 1945 – eine Ruine.

Das Wilhelmsgymnasium – ein Haus mit langer Tradition.

LUDWIG THOMA
IM WILHELMSGYMNASIUM

Auf diesem Schulweg lauerte Ablenkung. Wenn Ludwig Thoma den Isartorplatz überquert hatte, steuerte er geradewegs auf die Floßlände zu, wo jeder Baumstamm an den Isarwinkel, jene vertraute Gebirgsgegend, erinnerte, in der Ludwig die ersten sechs Jahre verbracht hatte. Dann aber starb der Vater, und die Mutter stand mit sieben Kindern da. Die schmale Pension eines königlich-bayerischen Parkmeisters reichte kaum aus. Es entlastete das Budget, als sich eine Tante aus der Pfalz des sechsjährigen Ludwigs annahm. Die Tante sorgte auch dafür, dass der Bub rechtzeitig in die Lateinschule von Landstuhl in der Pfalz übertrat, um, wie es hieß, etwas Ordentliches zu werden. Die Gehversuche auf dem höheren Bildungsweg führten Ludwig von der Pfalz über Neuburg an der Donau nach Burghausen, um dann vorläufig in München ein Ziel zu finden. Der neuen Schule an der Maximilianstraße

eilte schließlich der Ruf voraus, eine vorzügliche Bildungsstätte zu sein.

Als Ludwig allmorgendlich in die Thierschstraße einbog, um der Bildung entgegenzustreben, ging es dort fast noch ländlich zu. Es überwogen einstöckige Gebäude, die großen Kirchen waren noch nicht gebaut und die Isar kaum reguliert, denn dieser tägliche Schulweg wurde von 1879 bis 1885 zurückgelegt. Jahrzehnte später trauert Ludwig in seinen „Erinnerungen" dieser Vorstadt nach und beklagt die Veränderungen. Man darf also annehmen, dass er sich auf dem Weg durchs Lehel wohler fühlte als im vierten Stock der Rumfordstraße 25, wo der pensionierte Studienrat Merk seine Erziehungskünste zelebrierte. Gegen entsprechendes Honorar gab es dazu auch noch Kost und Logis. Eine schmale Kost, wie Ludwig uns mitteilt.

Wenn er sich dem Schulgebäude näherte, vernahm er von weitem ein Betriebsgeräusch, das an Sägemühlen in der Vorderriss erinnerte und anheimelnde Gefühle weckte. Ludwig aber folgte den Klängen einer Schulglocke, die unerbittlich an die Schulpflicht gemahnte. Sie ertönte in einem respektablen Neubau, der 1877, also zwei Jahre vor Ludwigs Ankunft, errichtet worden war.

König Ludwig II. hatte höchst persönlich das Grundstück zur Verfügung gestellt, und dem bayerischen Staat war das Institut 300.000 Gulden wert gewesen. Als Ludwig 1879 erstmals die Schule betrat, blickte sie bereits auf eine Tradition von 320 Jahren zurück. Herzog Albrecht V. holte 1559 Jesuiten nach München, um dem adeligen Nachwuchs eine fundierte Bildung angedeihen zu lassen. Wilhelm V., sein Sohn und Nachfolger, ließ dann in der Neuhauser Gasse jenes Jesuitenkolleg errichten, das dem nach ihm benannten Gymnasium die erforderlichen Räumlichkeiten zur Verfügung stellte. Nach der Säkularisation musste die Schule zunächst ins Karmeliterkloster und dann in den Alten Hof umziehen, um Platz zu schaffen für die Staatsbibliothek und die Akademie der Wissenschaften.

Mit der Emanzipation des Bürgertums im 19. Jahrhundert wuchs das Bildungsbedürfnis, das Wilhelmsgymnasium benötigte mehr Raum. An der neuen Prachtstraße erhielt es einen Standort, der dieser Bildungsstätte würdig war. Manche Absolventen brauchten nur über die Brücke zu gehen, um im Maximilianeum die Studienförderung für Hochbegabte zu genießen. Denn lang ist die Liste jener bayerischen Berühmtheiten, deren Bildungsweg durchs Wilhelmsgymnasium geführt hat.

Ludwigs Schülerdasein schien zunächst nicht geeignet, um sehr viele Hoffnungen in seine berufliche Zukunft zu investieren. Zweimal musste er im Wilhelmgymnasium die Klasse wiederholen und kam nur mühevoll über die Runden. Zuletzt, als mancher Gymnasialprofessor den schwierigen Schüler bereits aufgegeben hatte, schien es sogar ratsam, die Schule zu verlassen und in Landshut die Reifeprüfung abzulegen, was schließlich gelang. Man attestierte dem Prüfling zwar gute Kenntnisse in der deutschen Sprache, aber in der Mathematik kam er über ein Ungenügend nicht hinaus.

Trotz dieses kurvenreichen Bildungswegs, oder vielleicht gerade deshalb, erlangte Ludwigs späteres Schaffen eine schöpferische Qualität, die ihn über viele Einserschüler erhob. Die Literatur, vor allem die bayerische, wäre ohne Ludwig Thoma ärmer.

Nicht nur der Verfasser von „Moral", „Magdalena", dem „Ruepp" und Erfinder vom „Aloisus Hingerl" zählt zu jenen bedeutenden Persönlichkeiten, die im Wilhelmsgymnasium ihre Bildung erwarben, klangvolle Namen finden sich unter den Ehemaligen. Lorenz Westenrieder, der verdiente Stadthistoriker, war Schüler, Franz von Kobell wurde hier unterrichtet und Felix Dahn, mag im Latein- und Geschichtsunterricht erste Anregungen für seinen „Kampf um Rom" erhalten haben. Ödön von Horváth war hingegen mehr seiner Zeit zugewandt. Doch die „Geschichten aus dem Wienerwald" sind heute noch aktuell und werden vielfach aufgeführt. Ob nun der Maler Carl Spitzweg die Modelle für seine satirischen Biedermeierkäuze im täglichen Schulbetrieb vorgefunden hat, ist nicht überliefert aber durchaus denkbar. Der Königliche Hof- und Leibapotheker Max von Pettenkofer mag hier gelernt haben, wie man aufmerksam beobachtet, gründlich untersucht und dann logische Schlüsse zieht. Seiner wissenschaftlichen Leistung und seiner Durchsetzungskraft verdankt das München des späten 19. Jahrhunderts, dass es künftig von großen Epidemien verschont blieb: Typhus und Cholera waren aus dem Stadtgebiet verbannt.

Mancher dieser klangvollen Namen mag in der jüngeren Generation in Vergessenheit geraten sein, aber einen Ehemaligen kennt man bestimmt: Auch Konstantin Wecker ging hier zur Schule. Doch selbst eine strenge Bildungstradition und der pädagogische genius loci konnten ihn nicht daran hindern, recht kritisch und aufmüpfig die Mitwelt auf Mängel hinzuweisen.

Damit soll nur an ein paar Beispielen verdeutlicht werden, welchen Stellenwert das Wilhelmsgymnasium in der Münchner Bildungstradition einnimmt. Eine vollständige Auflistung der einschlägigen Bildungsprominenz würde den Rahmen dieses Lehel-Buches sprengen.

Kurzer Überblick über die Geschichte des Wilhelmsgymnasiums

Das Jesuiten- und damit das Wilhelmsgymnasium ist 1559 gegründet worden. Es ist also das älteste Gymnasium in München. Daher lohnt sich ein kleiner Rückblick :

1557	Herzog Albrecht V. nimmt mit dem Jesuitenorden Verhandlungen auf über die Errichtung eines Jesuitenkollegs in München.
1559	Von Albrecht V. berufen, treffen Ingolstädter Jesuiten in München ein, um ein Gymnasium zu errichten.
1559	(13.12.): Beginn des Unterrichts im Kloster der Augustiner-Eremiten.
1560	Feierliche Eröffnung der Schule.
1773	Aufhebung des Jesuitenordens in Deutschland, Weltgeistliche und Ex-Jesuiten übernehmen das Gymnasium.
1782	Die Realklassen werden vom Gymnasium getrennt.
1829 /30	Neuordnung des Gymnasiums im Geiste des Neuhumanismus (Lehrpläne Fr. Thierschs).
1830	Das alte Gymnasium wird in die Herzogspitalgasse 18 verlegt.
1849	Das Alte Gymnasium wird in „Wilhelmsgymnasium", das Neue Gymnasium in „Ludwigsgymnasium" umbenannt.
1877	Das Wilhelmsgymnasium zieht in das an der Thierschstraße neu errichtete Schulgebäude um.

Aus der Festschrift des Gymnasiums im Juli 1959

Noch heute beherbergt das Wilhelmsgymnasium einen Schatz an Erstausgaben der deutschen Literatur des 17. und 18. Jahrhunderts, der deutschen und europäischen Aufklärung – um den es sogar von der Bayerischen Staatsbibliothek in der Ludwigstraße beneidet wird. Deshalb ist der „Tag der offenen Tür" in der Schule auch stets ein Tag des Wiedersehens vieler prominenter Wissenschaftler. Das humanistische Gymnasium ist heute eine wache Schule, die sowohl erfolgreiches Theater bietet, begeisternde Konzerte in der Aula der Ludwig-Maximilians-Universität aufführt, aber auch immer Leistungskurse in Physik und Mathematik mit hervorragenden Ergebnissen präsentiert.

DAS LUITPOLDGYMNASIUM

Verfechter des humanistischen Alleinvertretungsanspruchs rümpften hochmütig die Nasen, als die Beschäftigung mit „Realien" auch als gehobene Bildung gelten wollte. Aber die Technik marschierte unaufhaltsam voran und eroberte sich ein Wissenschaftsfeld nach dem anderen. Mathematisch-naturwissenschaftliche Fächer machten dem Latein und dem Altgriechischen zunehmend Konkurrenz. Da wurde auch in München ein Institut gegründet, das den Umgang mit praktischen Wissensbereichen schulen sollte. Als im Juli 1891 die Luitpold-Kreisrealschule ihrer Bestimmung übergebe wurde, mochten die 531 Knaben ehrfürchtig in die neuen Räume geschlichen sein. Mädchen war damals der Zugang noch versperrt.

In der Folgezeit entwickelte sich die Schule zu einer renommierten Bildungsanstalt, deren Absolventenliste allerlei berühmte Namen aufweist. Auch Schalom Ben-Chorin, ein gebürtiger Leheler, der seit 1935 in Jerusalem lebte, besuchte das Luitpoldgymnasium, wie sich das Institut später nannte. In seinen Erinnerungen klingen allerdings kritische Töne an, wenn er berichtet, dass man in dieser Schule wohl weniger gebildet als den Lehrplan erfüllt habe. Auch die relativ „erträgliche Atmosphäre" schreibt er nicht so sehr der „pädagogischen Planung" als dem „Lokalcharakter Münchens" zu. Es wäre aber gewiss ungerecht, würde man solche Vorwürfe nur gegen diese Lehranstalt erheben, wo doch Paukerpraktiken und mehr oder weniger geistlose Disziplinierungen seinerzeit allgemein üblich waren. Andererseits muss man es wohl der hauseigenen Denk-, Lern- und Arbeitsdisziplin anrechnen, wenn im Luitpoldgymnasium erstaunliche Erfolge erzielt wurden und Größen aus ihr hervorgingen. Unter anderem ein leibhaftiger Nobelpreisträger: Feodor Lynen legte dort 1930 das Abitur ab und wurde 1964 mit dem Nobelpreis für Medizin geehrt. Auch der berühmte Chemiker Peter Vollhart, der Publizist Erich Kuby und Florian Holsboer, Chef des Münchner Max-Planck-Instituts für Psychiatrie, sind ehemalige Luitpoldianer, die es zu Rang und Namen gebracht haben. Bomben des Zweiten Weltkriegs zerstörten das Schulhaus in der Alexandrastraße. Erst 1958 konnte die neue Schule in der Seeau-

straße ihrer Bestimmung übergeben werden. Es war der erste Schulneubau im Nachkriegsmünchen.

Einen besonderen Ruf erwarb sich das Luitpoldgymnasium, als es in seinen Räumen erstmals in München chemische und physikalische Versuche durchführte. Inzwischen tut man viel für den EDV-Unterricht, um zeitgemäßen Anforderungen gerecht zu werden.

Heute unterrichten an die 80 Lehrer etwa 970 Schüler. Man verfügt über ein eigenes Landschulheim und unterhält einen Sportverein. Schließlich findet sich unter den Ehemaligen des Luitpoldgymnasi-

Das Luitpoldgymnasium an der Seeaustraße.

Das aufgeklärte München erwarb 1799 diese alte Säge, um dort die erste städtische Schule einzurichten.

ums auch ein Olympiasieger: Manfred Schnelldorfer gewann 1964 die Goldmedaille im Eisschnelllauf.

Was 1958 als modern und vorbildlich gegolten hatte, war drei Jahrzehnte später unzulänglich geworden: „Das heutige Haus entspricht nicht mehr den Erfordernissen der Zeit", bemerkte Studienrat Hage anlässlich des Festakts zum hundertsten Geburtstag im Juli 1991.

Inzwischen besuchen etwa hundert Schüler weniger dieses Gymnasium, so dass es nicht mehr so eng zugeht. Zudem wird gerade gebaut, künftig soll ein großer Aufenthaltsraum zur Verfügung stehen, wo bis zu hundertfünfzig Mahlzeiten verabreicht werden können. Das Luitpoldgymnasium wird nicht nur vom Nachwuchs aus dem Lehel besucht. Es sind vor allem Eltern aus Bogenhausen und Haidhausen, welche die Qualität dieses Gymnasiums zu schätzen wissen.

DAS
SANKT-ANNA-GYMNASIUM

Um die Jahrhundertwende gibt es in München nur eine öffentliche Bildungsanstalt für Höhere Töchter. Als diese von der Briennerstraße in die Luisenstraße verlegt wird und der Schulweg sich dadurch verlängert, bittet die „Parteilose Vereinigung Nordost" den Magistrat, er möge im Lehel eine Filiale errichten. Die Stadtväter lehnen ab. Der „Verein für Fraueninteressen" hat mit seiner Petition auch kein Glück. Mit der Begründung, dass es an einem Bauplatz und an Geld fehle, stellt der Magistrat den Antrag zurück. Man empfiehlt jenen Höheren Töchtern, die in der Luisenschule nicht unterkommen, sich an eine der fünfzehn Privatschulen zu wenden. Erst ein gewichtiges Wort des berühmten Pädagogen und Schulrats Georg Kerschensteiner bringt die Angelegenheit in Bewegung. Schließlich wird die ehemalige Stadtsäge am Sankt-Anna-Platz gekauft, um an ihrer Stelle ein zweites städtisches Lyzeum zu bauen.

Am 18. September begann der Unterricht. Er vermittelte vieles, was man damals für das weibliche Geschlecht als angemessen erachtete: Kochen, Putzen, Hauswirtschaft. Auch Kerschensteiner war der Meinung, dass man den „Mädchenorganismus" nicht allzu sehr mit Sprachen und Mathematik belasten dürfe.

Fünfzehn Jahre später – während der Kriegs- und Nachkriegsjahre hatten Frauen und Mädchen ausreichend Belastbarkeit nachgewiesen – gab es solche Bedenken nicht mehr; im April 1927 wurde aus dem Lyzeum eine Oberrealschule, die auch Reifeprüfungen zu vergeben hatte. Drei Jahre später legten die ersten (inzwischen nicht mehr ganz so hohen) Töchter das Abitur ab.

Im verhängnisvollen Jahr der Machtübernahme wurde in die Tat umgesetzt, was Hitler in „Mein Kampf" neun Jahre davor gefordert hatte: Mädchen sollten im Unterricht gleichberechtigt erzogen werden, Ziel aller pädagogischen Bemühungen jedoch sollte es sein, jungen Mädchen das Bewusstsein der Frau als zukünftige Mutter zu vermitteln.

Zehn Jahre sollte dieser Schulbetrieb währen, bis man die Schülerinnen vor Bomben in Sicherheit bringen musste. In der Gegend von Tölz waren Kur- und Fremdenheime in Kinder-Land-Verschickungs-Lager umgewandelt worden, wo die Mädchen unterkamen.

Beim großen Luftangriff im November 1944 wurde das Schulgebäude erheblich beschädigt. Doch bereits kurz nach Kriegsende waren Lehrer, Handwerker und Helfer mit der Wiederinstandsetzung befasst, so dass der Unterricht im September 1945

Die alte Stadtsäge im Mai 1911.

Die Universität im Lehel 2006.

beginnen konnte. Inzwischen hat sich das Sankt Anna-Gymnasium längst bewährt und ist aus dem Münchner Schulbetrieb nicht wegzudenken. Seit 1987 hat dort sogar die Gleichberechtigung Einzug gehalten: Auch Buben werden jetzt geduldet. Manche Mädchen mögen das begrüßen, aber es gibt auch welche, die der alten, der knabenlosen Zeit wehmütig nachtrauern.

VON DER PROPAGANDA ZUR LEHRE

Solang ein Krieg kalt bleibt, ist die Waffe des Worts besonders wichtig. Deshalb entstanden, als es noch den feindlichen Ostblock gab, im nördlichen Lehel Radio Liberty und Radio Free Europe: Zwei amerikanische Sender, welche die Kunde von der freien Marktwirtschaft und den Segnungen der parlamentarischen Demokratie in den Staaten des Warschauer Pakts verbreiteten. Elektromagnetische Wellen, die mühelos starre Grenzen überschritten und Eiserne Vorhänge übersprangen, waren in den Zeiten des Wettrüstens und gegenseitigen Misstrauens tüchtige Helfer. Als aber dann der Ostblock zusammenbrach, war den Propagandasendern im Lehel der Daseinszweck abhanden gekommen. Zudem kosteten sie dem amerikanischen Steuerzahler an die zweihundert Millionen Dollar im Jahr, die man einsparen wollte. Die Schließung traf an die elfhundert Mitarbeiter, die von den amerikanischen Sparplänen keineswegs begeistert gewesen sein dürften. Doch nun konnten die Gebäude in der weiträumigen Anlage an der Oettingenstraße anderweitig genutzt werden. Der Kalte Krieg war vorbei, und im Lehel zog Hochschulbildung ein. Die Vorstadt wurde zur Universitätsstadt. Wer hätte sich das je träumen lassen!

Wer sich für japanische Sprache und Kultur begeistert kann seine Kenntnisse dort akademisch vertiefen, auch Kommunikationswissenschaftler erhalten in der Anlage am Englischen Garten ihre Ausbildung; und die Politik wird in den einstigen Senderäumen nicht mehr einseitig verkündet, sondern wissenschaftlich betrieben.

Ein Volkspark vor der Tür

NATURFREUNDE

In der zweiten Hälfte des 18. Jahrhunderts ereigneten sich zwiespältige Dinge. Während sich einerseits die abendländische Zivilisation gewaltig anstrengte, um das Industriezeitalter einzuläuten, erfasste sie gleichzeitig eine nie da gewesene Naturbegeisterung. Im Nachhinein könnte man den Eindruck gewinnen, die Menschen hätten geahnt, was die Industrialisierung der Natur alles zufügen würde. Noch war die Luft nicht verpestet, das Wasser nicht vergiftet und die Wälder gesund. Die Rousseau'sche Naturbegeisterung erfasste vor allem die städtischen Oberschichten, bei denen, die sich täglich mit Wind, Wetter und Boden auseinandersetzen mussten, hielt sich der Enthusiasmus in Grenzen. Doch der Adel, vor kurzem noch darauf bedacht, dass Licht, Luft und Sonne der vornehmen Blässe keinen Schaden zufügen konnten, erging sich nun in ländlichen Idyllen.

Etwa zur selben Zeit entledigten sich die Städte ihrer steinernen Fesseln. Die zuletzt ausgestandenen Kriege hatten nur zu deutlich gezeigt, dass Stadtmauern und Wehrtürme der modernen Feuerkraft nicht mehr gewachsen waren, warum sie also noch erhalten und pflegen?

Auch in München fiel gegen Ende des 18. Jahrhunderts die Stadtbefestigung. Dadurch vergrößerten sich nicht nur Stadtgebiet und Siedlungsraum, die Beseitigung von Mauern, Wehrtürmen und Wällen eröffnete auch den Blick ins Grüne. Wo Gräben und Vorwerke die Stadt eingeengt hatten, entstanden nun Grüngürtel und Gärten. Auf diese Weise kamen sich die Residenzstadt und die Vorstadt näher, das Lehel wurde allmählich gesellschaftsfähig. Zunehmend drängte das Bürgertum hinaus, um sich an witterungsbegünstigten Tagen in den stimmungsvollen Wirtsgärten und Lauben der Vorstadt

zu ergehen. In einer idyllischen Gegend war auch die Gegenwart des gemeinen Volkes zu ertragen.

Kurfürst Karl Theodor hatte die Stimmung im Volk längst erkannt und den Zeitgeist begriffen, er machte den Residenzhofgarten allgemein zugänglich. Die Natur, welche man dort vorfand, war freilich eine zurechtgestutzte. Das Wachstum gehorchte dort einer geometrischen Ordnung nach französischen Vorbildern. Das aber vereinbarte sich nicht mehr mit dem Zeitgeschmack, romantische Naturszenen prägten längst die Phantasie. An verantwortlicher Stelle wurde deshalb darüber nachgedacht, wie man den Münchnern mehr Auslauf verschaffen könnte.

GRAF RUMFORD

Eine glückliche Fügung schickte Sir Benjamin Thompson in die bayerische Hauptstadt. Er kam aus einer Weltgegend, in der nicht nur Überfluss herrschte an unberührten Landschaften, dort hatte man sich auch vor kurzem eine Verfassung gegeben, in der das Naturrecht auf Freiheit verankert ist.

Besagter Mr. Thompson avancierte am kurbayerischen Hof zum Kammerherrn und Kriegsminister, ehe aus ihm 1792 der Reichsgraf von Rumford wurde. Wenn je ein Adeliger diese Erhebung verdiente, so war es dieser Amerikaner. Er war ums Wohl der kleinen Leute besorgt und als er längst nicht mehr in München weilte, wurden in Armenvierteln noch immer Rumfordsuppen verteilt. Bemerkenswert ist auch sein Bemühen, das Militär in Friedenszeiten sinnvoll zu beschäftigen.

Eine Anregung Thompsons veranlasste Karl Theodor zu verfügen, dass in Kasernennähe Militärgärten anzulegen seien. Damit sorgte man nicht nur für Eigenbaugemüse, die Betätigung in frischer Luft sollte der Gesundheit dienen und damit die Wehrkraft erhöhen. Eine begeisterte Notiz des amerikanischen Grafen lässt uns wissen:

„Sie sind jetzt die fleißigsten und geschicktesten Gärtner geworden und haben eine solche Vorliebe für Pflanzenkunst und vorzüglich für Kartoffeln, die sie in großen Mengen gewinnen, bekommen, dass diese nützlichen und gesunden Erzeugnisse die Hauptartikel ihrer täglichen Nahrung ausmachen. Diese Verbesserung verbreitet sich sehr schnell unter den Pächtern und Bauern des Landes".

Wer weiß schon, dass die Wiege der bayerischen Kartoffelkultur am Englischen Garten gestanden hat?

In dieser Zeit reifte der Plan, dem Volk einen großen Park zu schenken, der auch den aufmüpfigsten Revoluzzer zum friedfertigen Untertanen machen kann. Kurfürstliche Durchlaucht ordnete deshalb an, „den hiesigen Hirsch-Anger zur allgemeinen Ergötzung für dero Residenz-Stadt München herstellen zu lassen ..." Und das war der Auwald zwischen dem Lehel und Schwabing. Die Leitung des Unternehmens lag in den Händen des Grafen von Rumford. Der hatte bei seinem Aufenthalt in England solche Naturparks gesehen und deshalb eine Vorstellung, wie der Plan ausgeführt werden sollte.

Zu seiner Unterstützung holte Karl Theodor einen bewährten Mitarbeiter nach München. Der Schwetzinger Hofgärtner Friedrich Ludwig Sckell, geschult durch England- und Frankreichaufenthalte, wurde damit beauftragt, den ersten öffentlichen Park im englischen Landschaftsstil zu gestalten. Er schuf eine Kunstlandschaft, die wohl anmutet wie eine gewachsene Naturszene, im Gegensatz zur ursprünglichen Auwildnis jedoch für jedermann zugänglich ist. Rumford sorgte zudem für einen wohldurchdachten Wegeplan, der seit 1792 gewährleistet, dass das Volk die städtische Naturnähe genießen kann.

Man kann sich heute wahrscheinlich nur den Ausführungen des Friedrich Ludwig Sckell anschließen, die seiner Denkschrift von 1807 zu entnehmen sind: „Übrigens verdient Herr Graf von Rumford Exzellenz den lautesten Dank, dass er die Anlage zum

Genusse aller Menschen entstehen machte, denn keine Stadt in Europa kann, in diesem Umfange, eine ähnliche aufweisen."

So mancher Leheler war über diese Errungenschaft alles andere als erfreut. Nun war's vorbei mit dem „Blumbesuch", jener Waldweide, welche die Haltung von Ziegen und Schafen möglich gemacht hatte. Inzwischen ist aber auch das kein Thema mehr, und das Lehel und der Englische Garten sind gute Nachbarn geworden.

**Friedrich Ludwig von Sckell,
der Gestalter des Englischen Gartens.**

WASSERFALL IN DER EBENE

An einer Stelle kann man beeindruckt sein vom Wasserreichtum, der das Lehel auch heute noch durchfließt: Zwischen dem Nationalmuseum und dem Haus der Kunst schießt ein Wildbach unter der Prinzregentenstraße hervor, strömt weiter in den Englischen Garten. Wenn es die Witterung zulässt, sind dort der Mut und die Geschicklichkeit einer bewegungsfreudigen Jugend zu bewundern, wenn sie auf Wellen reitet. Früher waren die Bäche wegen ihrer starken Strömung und mancher Tücke gefürchtet, ein sportlicher Nachwuchs scheint jedoch locker damit umgehen zu können, weder Kälte noch Verbote hindern ihn daran.

Nach etwa zweihundert Metern teilt ein Wehr die Wasserflut. Während der Eisbach in östliche Richtung fließt, bewegt sich der Schwabinger Bach auf den gleichnamigen Stadtteil zu. An der Stelle, wo die

Wasser sich trennen, standen gegen Ende des 18. Jahrhunderts zwei Mühlen. Deren gewerbliche Betriebsamkeit störte jedoch die Parkruhe, sie wurden 1806 abgerissen. Schon damals regte Friedrich Ludwig Sckell die Gestaltung einer künstlichen Kaskade an. Ein Wildbach sollte entstehen und ein künstlicher Wasserfall, der über große Felsen rauscht und schäumt. Seit 1815 erfreuen sich Besucher an einem Gebirgsbach auf flacher Niederterrasse, eingeebnet und geformt von den Hochwassern der Isar. Hohe Bäume umgeben heute diese Kaskade, hell blitzt der Tag zwischen dem Geäst auf, ein reizvolles Spiel aus Schatten und Licht auf bewegtem Wasser regt die Phantasie an und belebt die Szene.

Wendet sich der Betrachter um und blickt in nördliche Richtung, dann zeigt sich ihm ein anderes Bild. Weite Flächen hat man von höherem Bewuchs frei gehalten, große Wiesen, auf denen viel Volk lagert und sich vergnügt, gewähren Spielraum. Einst

Ein künstlicher Wildbach.

Der Monopterus - ein beliebter Aussichtspunkt.

waren die Grünflächen im Englischen Garten von wadenhohen Flacheisen eingefasst, und es patrouillierten gestrenge Parkwächter, die darauf zu achten hatten, dass kein Spaziergänger die Wege verließ. „Bürger, schützt eure Anlagen!" war auf großen Schildern zu lesen. Heute trachten Bürger danach, ihre Anlagen auf andere Weise zu schützen. Manche verzichten sogar auf den Schutz von Textilien, wenn sie auf der Schönfeldwiese, dem einstigen Gemüsegarten des bayerischen Heeres, nahtlos braun werden wollen.

DER MONOPTEROS

Er ist kaum zu übersehen und lädt dazu ein, die kleine Anhöhe zu erklimmen und die Aussicht zu genießen. Diesen Zweck sollte der Monopteros auch erfüllen. Bereits 1807 wollte Friedrich von Sckell den Park mit einem griechischen Tempel veredeln. Zur Zeit der napoleonischen Kriege dürfte jedoch der „gute König Max" I. von anderen Sorgen geplagt worden sein, der Tempelbau wurde vertagt. Drei Jahrzehnte mussten vergehen, bis König Ludwig I. den Plan wieder aufgriff und sich für ein Tempelchen entschied. Mit dem Aushub vom Kleinhesseloher See häufte man im flachen Englischen Garten

einen Hügel an, um darauf den Monopteros errichten zu können. Im Oktober 1836 wurde das Bauwerk feierlich seiner Bestimmung übergeben, dem König mag's gefallen haben. Sicherlich nicht nur ihm: Ungezählte Besucher haben von dort oben die schöne Rundsicht genossen, sich gesonnt, Türme und Dächer der Stadt bewundert und mit etwas Glück bei Föhn die Alpenkette erblickt.

AM CHINESISCHEN TURM

In der Rokokozeit war China „in". Tauschen wollte man mit den Chinesen freilich nicht, und die Chinesen ließen nur eine sehr begrenzte Anzahl von Ausländern in Teile ihres Landes. Aber wenn es um Porzellan ging und um dekorative Ausstattungsgegenstände, waren fernöstliche Vorbilder beliebt. Nicht zuletzt deshalb dürfte im königlichen Schlossgarten in Kew bei London eine „Pagoda" entstanden sein, deren Vorbild im kaiserlichen Umfeld von Nanking zur Nachahmung angeregt hatte. Graf Rumford hatte wohl bei einem seiner Besuche in London diese Pagoda gesehen und gemeint, dass ein ähnlicher Bau dem Englischen Garten gut zu Gesicht stehen würde. Münchner Bauhandwerker machten sich dann an die Arbeit, und 1790 war der Chinesische

Anni aus dem Lehel und ein Gast aus Dahomé, dem heutigen Benin, am 10. Februar 1918.

Turm fertig: Eine unverkleidete Holzkonstruktion, von deren Höhe man eine schöne Aussicht genießen konnte. Sogar Kurfürst Karl Theodor gab sich und dem Turm die Ehre, indem er bei der Besichtigung alle fünf Stockwerke erklomm. Bei seiner Leibesfülle keine Kleinigkeit. Anschließend mag er sich im „Chinesischen Palais" nebenan von der Anstrengung erholt und sich gestärkt haben wie sehr viele nach ihm. Das hölzerne Palais musste bald darauf einem massiven Steinbau weichen, offenbar war es den zahlreichen Besuchern nicht mehr gewachsen. Schon damals hatte man wohl erkannt, dass es die exotische Ästhetik allein nicht bringt: Gutes Essen und Trinken sowie gemütliches Beisammensein gehören auch zum Kunstgenuss. Zunächst taten sich allerdings der Adel und das gehobene Bürgertum bei der hölzernen Pagoda gütlich. Das werktätige Volk hatte nach zwölf, vierzehn Stunden Arbeit, und das sechs Mal die Woche, kaum die Zeit, die Muße und die Mittel, um sich in stimmungsvoller Umge-

bung zu ergehen und zu laben. Immerhin fanden in „der guten alten Zeit", als noch der Prinzregent regierte und das Bier dunkel war", an schönen Sommersonntagen „Kocherlbälle" statt. Für Dienstboten, Hausknechte und Herrschaftsköchinnen, den Kocherln eben. In aller Herrgottsfrühe! Schließlich musste das Dienstpersonal wieder rechtzeitig daheim sein, um der Dienstherrschaft das Frühstück zu bereiten, anschließend war gemeinsamer Kirchgang angesagt. Doch die kurze Freudenfrist reichte oft aus, um anzubandeln, fürs Kocherl fand sich ein strammer Handwerksgeselle oder gar ein schneidiger Flügelmann vom nahen Leibregiment. Dem kurzen Glück folgte nicht selten ein langes Ungemach. Wenn so ein junges Ding vom Land, das nach mühevollen Wochen ein bisschen Freude hatte finden wollen, in andere Umstände geriet, duldete die ach so sittenstrenge Dienstherrschaft eine solche Sünderin oft nicht mehr unterm gemeinsamen Dach und setzte die Ärmste vor die Tür. Also heim ins

Dorf? Das ging meistens auch nicht. Man konnte doch den Eltern diese Schande nicht antun: Wer einen "Bangerten" daherzog, galt als gefallenes Mädchen, das sich alles gefallen lassen musste. Kein Wunder, wenn in den Münchener Neuesten Nachrichten des Öfteren zu lesen war, dass wieder einmal eine Mädchenleiche aus der Isar gefischt wurde. Man hatte eben keusch und moralisch zu sein – auch wenn eine Statistik verrät, dass um 1900 in München jedes vierte Kind unehelich zur Welt kam.

Anlässlich der Festlichkeiten zur 200-Jahrfeier des Englischen Gartens lebte der Kocherlball am Chinesischen Turm 1989 wieder auf und erfreut sich seither außerordentlicher Beliebtheit. Auch wenn es längst keine Kocherln mehr gibt, die rechtzeitig zum Frühstück und zum Kirchgang daheim sein müssen.

Im Zweiten Weltkrieg nahmen britische Bomber keine Rücksicht auf den Turm, auch wenn er in einem Englischen Garten stand: Am 13. Juli 1944 brannte der Holzbau ab, und München musste acht Jahre ohne ihn auskommen. Doch am 6. September 1952 war die schwere, die turmlose Zeit vorbei und die Stadt sowie alle angeschlossenen Biertrinker feierten die Wiederauferstehung. Inzwischen ist dort langer Friede eingekehrt. Die Welt mag in Aufruhr sein, doch wenn die Sonne scheint, Bäume Schatten spenden, dezente Blasmusik spielt, Bier und Brotzeiten zur Versöhnung animieren, ist das Umfeld des Chinesischen Turms eine pazifistische Insel. Wer dort noch keine lichten Nachmittage und laue Abende verbracht hat, kann nicht behaupten, München wirklich zu kennen. Alle Völkerschaften, Hautschattierungen, Sprachen und Lebensgewohnheiten treffen sich dort zum friedlichen Miteinander. Man könnte dabei alle irdischen Unterschiede vergessen. Biertrinker, Brotzeitmacher, Blasmusikfreunde vereinigen sich. Man wünscht sich nur, dass es so bleiben möge.

Kocherlball unter dem Chinesischen Turm 2006.

Lehel-Künste

BAUAUFSICHT

Um 1840 war im Lehel die Bevölkerungsziffer in die Höhe geschnellt. Man benötigte ein neues Schulhaus, das alte war viel zu eng geworden. So ein Schulhausbau wäre freilich damals schon eine relativ leicht zu bewerkstelligende Aufgabe gewesen – hätte sich nicht Majestät höchst persönlich um dieses Projekt gekümmert. Ludwig I. war bekannt aber auch gefürchtet dafür, dass er alles sehr gründlich anging, sich sogar um Details kümmerte, die wohl ebenso gut ein Handwerksgeselle hätte beachten können. Und Majestät konnten ungehalten, ja unangenehm werden, wenn man seine Wünsche vergaß oder gar missachtete.

Beim Bau der Lehelschule war Sparsamkeit erstes Gebot. Die Sonderwünsche des Königs nahmen aber auf das schmale Budget der Vorstädter wenig Rücksicht. Er meinte wohl, wenn er schon seine Mittel großzügig verbaue, um die Welt schöner zu machen, könnten das andere auch. Als die Leheler schon geglaubt hatten, mit 250 Schülern in das neue Schulgebäude einziehen zu können, traf sie der Bannstrahl des Königs. Ihn störte es, dass die „Teutsche Schule" mit deutschen Buchstaben an der Fassade als eine solche gekennzeichnet war; er wollte lateinische Lettern.

Besonders ins Geld ging die Dachkonstruktion; sie war dem König zu hoch und zu steil. Ohne Rücksicht auf den schmalen Geldbeutel der Vorstädter musste das Dach abgetragen und durch ein flacheres ersetzt werden. Doch die Handwerker des Lehels hatten ihre Erfahrung mit Dächern. Die Zimmerer und Dachdecker wussten, in welchen Breiten wir leben und kannten die Niederschlagsverhältnisse. Da war es wichtig, dass im Winter nicht zu viel Schnee auf dem Dach liegen blieb, damit kein Schmelzwasser einsickern konnte. Auch der Regen lief so besser ab.

Es war den Lehelern nur ein schwacher Trost, dass sie mit ihren Bedenken am Ende Recht behalten sollten. Es tropfte tatsächlich bald von der Decke, und die Folgekosten für entsprechende Reparaturen waren erheblich. Trotz dieser Fehlleistung im Kleinen soll man den König für das Große loben, das ihm besser gelang. Vor allem deshalb, weil ihm eine Vorstadtschule bedeutend genug erschien, um sich für sie zu verwenden. Obwohl seine Residenzstadt voll von Baustellen war. Er hat gewiss anders gedacht als jener Münchner Ratsherr in seinem Gutachten:

„Die Anna-Vorstadt zeigt noch nicht den großartigen Baustil wie die Schönfeld- und die Max-Vorstadt, sondern besteht größtenteils aus schlecht gebauten Wohnhäusern und Waschhütten. Es möge daher von einer kostspieligen Fassade am Schulhaus abgesehen werden. Dies steht in einem Viertel, wo gegenwärtig in der Nähe keine großartigen Gebäude bestehen, noch schwerlich bestehen werden."

Wie man sich doch täuschen kann!

EINE KÜNSTLERWERKSTATT

Wo heute die Tattenbachstraße verläuft, war einst der königliche Hofküchengarten. In der weitläufigen Anlage gediehen nicht nur Gemüse und Gewürzkräuter, sie bot sogar Raum für einen kleinen Zoo: Hirsche, Rehe, Pfauen waren dort zu beobachten. Zu diesem Garten gehörte ein Palmenhaus, das schon eine Weile keinen rechten Zweck mehr erfüllt hatte, ehe es König Ludwig I. 1840 Wilhelm von Kaulbach als Atelier zur Verfügung stellte. Nun hatte der Maler seine Modelle für „Reineke Fuchs" gewissermaßen vor dem Fenster und konnte sich ihrer nach Belieben bedienen. Außerdem war er in dieser Werkstatt weitab vom Getriebe der Residenzstadt, es störte hier auch keine Familie. Nur der König und dessen Frau Therese hielten ihn bisweilen von der Arbeit ab.

Im Königlichen Gewächshaus gedieh die Malerei.

Dieses Palmenhaus, nicht heizbar, feucht und alles andere als eine Idylle, war dennoch Entstehungsort von so bekannten Gemälden wie die „Hunnenschlacht", die „Zerstörung Jerusalems" und „Lola Montez". Neun Jahre diente dieses Refugium dem späteren Malerfürsten als ein Ort der Muse und des fruchtbaren Schaffens.

EIN MANN MIT STIL

König Max II. ist nicht zu übersehen. Wer in der teuersten Viertelmeile Deutschlands nach Osten blickt, sieht ihn aufragen von seinem Sockel, als wollte er sich erheben über Volk und Land. Aber der Eindruck täuscht. Der Mann, an den dieses Denkmal erinnern will, war kein machtbesessener Kraftprotz, auch wenn das Schwert in seiner Linken solche Vermutungen nahelegt. Es war eben Mode, auch friedfertige Herrscher mit Waffen darzustellen.

Nein, der Mann war kein Kraftmeier und kein Despot. Dennoch verstand er es, seine Ziele durch-

König Maximilian II. holte „Nordlichter" nach München und ließ eine Prachtstraße durch das Lehel bauen.

Die Prachtstraße für alle Stände.

zusetzen. Zäh und beharrlich, da regten sich viele Widerstände gegen seinen Willen. Als er am Vorabend der Industrialisierung mit Weitblick Wissenschaftler nach München holte, verspottete sie der Provinzialismus als „Nordlichter", nur weil sie nicht südlich des Mains geboren waren. Auch jene abendlichen Zusammenkünfte, die zwischen 1856 und 1859 vier Mal in der Woche beim König stattfanden, waren Anlass für manche hämische Bemerkung. Konnte es doch nicht angehen, dass da einer plötzlich auf alle Hofetikette verzichtete und der freien Rede den Vorzug gab.

In jungen Jahren hatte der Mann einen Traum. Wenn er vom Max-Josephs-Platz zum Isarhochufer hinüberblickte, mochte ihm die Gegend kahl und öde erschienen sein. Schon damals dachte er daran, dass man das rechte Isarufer parkähnlich begrünen müsse. Und auf dem höchsten Punkt, gewissermaßen als krönende Idee, sollte ein Tempel über der

Stadt stehen, ein „Athenäum".Nachdem die Märzunruhen von 1848 den Mann zum König Maximilian II. gemacht hatten, kamen zunächst ganz andere Aufgaben auf ihn zu. Doch der Jugendtraum blieb wach und erinnerte an seine Verwirklichung. Noch aber verlor sich die Zeughausstraße zwischen den Gärten und Bächen des Lehels. An ihrem Verlauf, so die Überlegung, sollte sich bald eine Prachtstraße orientieren, eine monumentale Schneise, die hinüberführt zum anderen Isarufer.

Mit den Planungen betraute der Monarch keinen Kirchen- und Schlösserbauer, sondern mit Friedrich Bürklein einen Mann, der sich mit dem Bau des neuen Hauptbahnhofs einen Namen gemacht hatte. Schon war die Zeit der Zweckbauten angebrochen, aber die wollte man schmücken wie einst die Repräsentationsgebäude.

Die Aufgabe war ehrenvoll aber schwierig. Schließlich lagen der vorgesehenen Trasse einige

Wasserläufe im Weg. Sie war nur mit einem Damm zu verwirklichen, was die Angelegenheit verteuerte. Zunächst streckte der König 500.000 Gulden aus seiner Privatkasse vor – für Grundstückskäufe und Vorbereitungsmaßnahmen. Bürgermeister Bauer und die Münchner Bürgerschaft sollten erst ein Jahr später offiziell über das königliche Vorhaben informiert werden. Die Freude hielt sich wohl in Grenzen, als man erfuhr, dass die neue Straße der Stadt 280.000 Gulden kosten würde. Dabei hatte man nach der Abdankung Ludwig I. schon frohlockt, dass nun endlich die Bauerei ein Ende habe. Aber nach den Bestimmungen der Zeit war es der Stadt nicht möglich, sich den Wünschen des Königs zu widersetzen. Der Bürgermeister konnte sich nur in einem harschen Verwaltungsbericht beklagen, dass die ludovizianischen Baumaßnahmen drei Millionen Gulden aus dem Stadtsäckel verschlungen hätten.

Da blieb nur noch der Spott: „Ins Wasser baut er hinein", meinten Kritiker, wenn sie sich über die Ideen des Herrschers ausließen. Da würde das ganze „Kripperlg'spiel" ja doch über Nacht zusammenfallen. Immerhin durfte die Stadt einen Malzaufschlag erheben, so dass der Weg durchs Wasser mit Bier finanziert wurde. Im Juli 1853 erfolgte der erste Spatenstich, drei Jahre später war man an der Isar.

Eine Prachtstraße glänzt durch ihre Fassaden. Dem König schwebte dabei ein Stil vor, der sich aus unterschiedlichen Elementen der Baugeschichte zusammensetzt und dennoch etwas völlig Neues zuwege bringt. In der englischen Tudor-Gotik glaubte er Entsprechendes entdeckt zu haben. Damit wollte er dem ihm nüchtern und kalt erscheinenden Klassizismus eine Architektur entgegensetzen, die gelöster und wärmer wirken sollte. Und jeder, der das Privileg genoss, in der königlichen Straße bauen zu dürfen, musste sich einem stilistischen Diktat unterwerfen, das die Herren Friedrich Bürklein, Georg Friedrich Ziebland und August Voit für den König nach diesem Muster entworfen hatten. Der König forderte, dass jeder seiner Architekten sich „aller vorhandenen Baustile bedient und diese Elemente zu einem organischen Ganzen gestalte, und zwar so, dass die zu wählende Bauart keinem der bestehenden Baustile angehört".

Nach diesen Vorgaben wurden Privathäuser und öffentliche Bauten errichtet, deren Fassaden die Maximilianstraße säumen. Besonders eindrucksvoll kommt der Maximiliansstil bei der Regierung von Oberbayern und beim heutigen Völkerkundemuseum zum Ausdruck. Auch das Hotel Vier Jahreszeiten musste sich diesem Diktat fügen, es kleidete sich ebenfalls in Tudor-Gotik.

Es gab bedeutende Zeitgenossen, denen der Maximiliansstil ein Greuel war. Aber schon ein Jahrzehnt später schrieb ein Journalist in der „Münchner Rundschau" wohl nicht ganz zu unrecht: „Es ist durchaus unangebracht, wenn heute angebliche Kunstsachverständige mit Naserümpfen von einem so genannten ‚Maximiliansstil' sprechen und schreiben." Er meint, man sei zwar inzwischen ein halbes Jahrhundert älter, habe aber noch nichts Besseres zuwege gebracht.

Maximilian plante einen Grüngürtel, um das ihm damals schon ungezügelt erscheinende Wachstum Münchens in Grenzen zu halten. Wie eine zweite Stadtbefestigung sollte ein Ring aus Bäumen die Stadt an der Ausdehnung hindern. Andererseits ermahnte der König Bauherrn und Spekulanten, billige Wohnungen für zuwandernde Arbeiter zu bauen und auf einen Teil des Gewinns zu verzichten, was eigentlich den Begrenzungsabsichten widersprach. Baron von Eichthal, der seinerzeit in der Isarvorstadt gerade Häuser fürs gehobene Bürgertum errichtete, mag darüber gelacht haben.

Es sind meistens Fremde, die den Propheten in der eigenen Stadt loben. Ein belgischer Archivrat schreibt 1862: „Alles in allem kann man sagen, dass es in Europa keinen Regenten gibt, der mehr thäte für die Entwicklung und Erleuchtung der Menschheit, als König Max II."

Durch die Maximilianstraße war das Lehel zwar zerteilt, aber kaum erschlossen. Hinter den Fassaden nahm das Leben seinen Lauf, bis gegen Ende des 19. Jahrhunderts eine große Erneuerungswelle über die Vorstadt hinwegging.

Eshu-Holzfigur
(Künstler: Abogunde
von Ede), Nigeria/
Yoruba, 19./20. Jhd.

Nandi, Reittier
des Hindugottes
Shiva, Nordindien
12./13. Jhd.

DAS STAATLICHE MUSEUM FÜR VÖLKERKUNDE

König Max II. dachte an die schöpferischen Kräfte seiner Bayern und ordnete 1855 an, dass eine entsprechende Sammlung anzulegen sei. Als aber erst einmal der Anfang gemacht war, kam eine solche Fülle von Kunstgegenständen zusammen, dass der dafür vorgesehene Hort, die Maxburg, bald zu klein wurde. Schon das, was die Wittelsbacher an Kunstschätzen besaßen und der Öffentlichkeit zugänglich machen wollten, füllte die Magazine und Räume. Der König dachte deshalb daran, ein Gebäude errichten zu lassen, das den kreativen Leistungen seines Volkes ein würdiger Ausstellungsort sein konnte. Von einem England-Aufenthalt her war ihm das 1851 in London eröffnete South Kensington Museum in Erinnerung. Nach diesem Vorbild

sollte nun ein Bayerisches Nationalmuseum entstehen, das die wachsende Sammlung aufzunehmen imstande war.

Etwas spät, aber noch rechtzeitig, fiel Majestät ein, dass eine Taubstummenanstalt wohl doch nicht das Richtige für die neue Prachtstraße sein würde. Max II. ließ den Bau, der schon fast fertig war, wieder abtragen und an dessen Stelle das Nationalmuseum errichten. Eine Maßnahme, die bei sparsamen Untertanen Kopfschütteln und Murren verursachte.

Friedrich Bürklein, des Königs Großbaumeister, war von anderen Aufgaben so ausgelastet, dass die Bauleitung Emil Riedel übertragen wurde. Wohl keine leichte Aufgabe, wie sich bald herausstellen sollte. Schließlich legte der König großen Wert auf die Ausgestaltung und den Fassadenschmuck, was hohe Kosten verursachte, obwohl die Mittel sehr

Der Bau des Staatlichen Museums für Völkerkunde verdeutlicht, was unter dem „Maximiliansstil" zu verstehen ist.

Die Regierung von Oberbayern - ein Verwaltungsbau im Tudor-Stil.

begrenzt waren. Nach und nach war es einem liberalen Stadtregiment und der Kabinettskasse gelungen, den finanziellen Spielraum des Königs immer mehr einzuengen. Staatsbauten sollten zugunsten privater Baumaßnahmen zurückgedrängt werden.

Max II. ließ jedoch, was seine künstlerischen Vorstellungen betraf, nicht mit sich handeln. In Versailles war ihm die Galérie Historique, ein Zug historisierender Fresken, aufgefallen. Im neuen Museum sollte ein ganzes Stockwerk auf ähnliche Weise geschmückt werden, was nahezu ein Drittel der Bausumme verschlang.

Als das Nationalmuseum 1867 in der Maximilianstraße eröffnet wurde, konnte der König dem Festakt nicht mehr beiwohnen, weil er bereits drei Jahre zuvor gestorben war. Die letzte und entscheidende Bauphase hatte er also nicht mehr beeinflussen können.

Und so war wohl, seinen Wünschen entsprechend, die Fassade mit den bayerischen Kardinaltugenden geschmückt worden, aber eine Tugend hatte man dabei vergessen – die Sparsamkeit. Vaterlandsliebe, Fleiß, Frömmigkeit, Treue, Weisheit, Gerechtigkeit, Tapferkeit und Großmut konnten zusammen nicht verhindern, was die Sparsamkeit allein bewirkte: einen ziemlich maroden Bau. Schon ein Jahr nach der Eröffnung brach einer der zunächst sehr spärlichen Besucher im Fußboden ein, und drei Jahre später erwies es sich als notwendig, eine „Kommission zur Erhebung der Bauschäden" zu bilden. „‚s Glump is zwoamoi teuer", sagt man dazu in Bayern.

So großzügig das Museum auch gedacht war, bald erwies es sich wieder als zu klein. Man hatte so fleißig gesammelt, dass sich an die 13 000 Exponate auf engstem Raum schier erdrückten und kaum noch zur Geltung kamen. Im Zuge der Industrialisierung erhöhte sich auch auf dem Gebiet der Kunst und des Kunstgewerbes die Produktivität wie nie zuvor. Dreißig Jahre nach der Eröffnung stand man vor der Notwendigkeit, einen viel größeren Neubau zu errichten.

Nachdem das Nationalmuseum im Jahr 1900 in die Prinzregentenstraße umgezogen war, kam in der Maximilianstraße für kurze Zeit das Deutsche Museum unter, um dort zu verbleiben, bis das Museumsgebäude auf der Kohleninsel bezogen werden konnte.

Für das Haus mit der stolzen Fassade fand sich bald eine neue Verwendung. Schon im frühen 19. Jahrhundert hatte Ludwig I. die Sammlung von

Viel Grün bereichert die Architektur heute.

überseeischen Kunstgegenständen angeregt. Und wenn Bayern auch kaum an kolonialen Raubzügen beteiligt war, die Magazine im Münzgebäude füllten sich mit der Zeit so sehr, dass man gezwungen war, in die Hofgartenarkaden umzuziehen. Dort wurde es freilich auch bald zu eng, so dass es sich anbot, das einstige Nationalmuseum als Völkerkundemuseum zu nutzen.

Der Krieg und seine Bomben nahmen auf diese Internationalisierung keine Rücksicht. Sie zerstörten einen beträchtlichen Teil des Gebäudes. 1954 waren zwölf von ursprünglich 38 Sälen wieder so weit hergestellt, dass eine provisorische Eröffnung anberaumt werden konnte. Doch schon fünf Jahre später weiß die „Frankfurter Allgemeine" zu berichten: „München – ein Mekka der Völkerkunde".

OBERBAYERN

Eine „Verwaltungsbehörde erster Instanz" wie die Regierung von Oberbayern hat Anspruch auf standesgemäße Unterbringung. Als im 19. Jahrhundert die Maximilianstraße ins Lehel eindrang, war eines der Repräsentativgebäude als Heimstatt für die Re-

gierung von Oberbayern geplant. Am 21. Juni 1864 konnte der Bau seiner Bestimmung übergeben werden und die Behörde vom Marienplatz in die Maximilianstraße 39 umziehen.

Den achtzigsten Geburtstag erlebte das Haus nicht mehr, denn am 25. April 1944 wurde der Backsteinbau im Tudorstil von Brandbomben zerstört. Nur die Fassade und drei Türme überlebten den Krieg.

Erst 1953 war das Verwaltungsgebäude wieder soweit hergestellt, dass es seine ursprüngliche Bestimmung wieder erfüllen konnte.

Heute mutet der Bau an, als wäre er nie zerstört worden. Bei seiner Rekonstruktion hat man das an gotische Kathedralen erinnernde Wandsystem ebenso wiedererstehen lassen wie die stimmungsvollen Arkaden und die Spitzbogenfenster. Zur besonderen Üppigkeit sind die Grünanlagen des Forums gediehen, den Bronzestandbildern darin ein angenehmes Umfeld verleihend. Die Grafen Rumford und Bernhard Erasmus von Deroy und ihre Gegenüber Joseph von Fraunhofer und Friedrich Wilhelm von Schelling erfreuen sich einer sympathischen Umgebung.

KUNSTVERLAG AN DER ISAR

Wer wüsste heute noch, wie der bayerische Mär-
chenkönig wirklich aussah, gäbe es nicht auch
Lichtbilder von ihm. Portraitmaler neigen dazu, das
Antlitz ihres berühmten Modells zu schönen oder,
aus persönlicher Sicht gestaltet, der Nachwelt zu
überliefern. Eine Fotokamera ließ sich, jedenfalls
damals noch, nicht so ohne weiteres bestechen.
Auch die österreichische Kaiserin Sissy und der
Eiserne Kanzler Bismarck setzten sich der neuen
Technik aus und ließen sich in München auf Platte
bannen. Natürlich von Spezialisten, noch war das
Knipsen kein Volkssport.

Als Franz Hanfstaengl mit zwölf Jahren den Ge-
burtsort Baiernrain verließ, um in München seinen
Begabungen entsprechend ausgebildet zu werden, konnte er den künftigen Erfolg nicht ahnen.
Zunächst besuchte Hanfstaengl eine Malschule,
ging dann in die Lithographielehre und besuchte anschließend die Kunstakademie. Dort musste er als
kundiger Lithograph auf sich aufmerksam gemacht
haben, denn der sächsische Staat lud ihn nach Dres-
den ein, wo Hanfstaengl einhundertneunzig alte und
große Meister auf Steindruck vervielfältigte. Inzwischen hatte sich die Industrialisierung durchgesetzt,
Vervielfältigungen und Serienproduktionen versuch-
ten eine steigende Nachfrage zu befriedigen. Auch
die nach exklusiven Kunstwerken, wer konnte sich
schon ein teures Original an die Wand hängen!
Schöne Kunstdrucke erfüllten in gut bürgerlichen
Haushalten auch ihren Zweck.

Die Fotografie verdrängte den Steindruck und die
galvanische Reproduktion. Das große Atelier des
Franz Seraph Hanfstaengl gewann zunehmend an
Bedeutung, viele berühmte und weniger berühmte
Persönlichkeiten ließen sich künftig im Lehel ablich-
ten, und die Hanfstaengl'schen Kunstdrucke gingen
in alle Welt.

Doch Zeiten ändern sich und der Fortschritt eilt
stürmisch voran: Heute erinnert nur noch ein im-
posantes Säulenportal an der Widenmayerstraße,
dass es im Lehel einen Kunstverlag von Weltgeltung gab.

EINE BAUMHAUSGESCHICHTE

Wo viel altehrwürdige Kunst ist, hat es die neue
Kunst nicht leicht. Das musste der bekannte Künstler und Kunstprofessor FLATZ erfahren. Seine Werke seien zwar in aller Welt ausgestellt, in München aber nicht, bedauert er. Auf der Documenta in

FLATZ

Kassel hätten sie einen festen Platz, auch in Florenz, in Rom und in New York könne man die Werke von ihm sehen.

Eine alte, kräftige Kastanie vor seinem Atelier auf der Praterinsel brachte den Künstler auf eine originelle Idee. Er ließ einen Wohnwagen auf einen Baum hieven, um ihn der Mitwelt als Baumhaus zu präsentieren, etwa auf halbem Weg zwischen Deutschem Museum und Friedensengel. Dessen vergoldete Gestalt regte FLATZ dazu an, auch sein Baumhaus mit Blattgold zu veredeln. Innen war es nobel eingerichtet, in freundliches Rot getaucht, einen schönen Blick auf die Vorstadt gewährend. Die Aktion zog viel Volk an, vor allem auch die Presse. Auch der Besitzer des Grundstücks und des Baumes hatte nichts gegen den Wohnwagen in luftiger Höhe einzuwenden. Ganz anders die Lokalbaukommission. Sie war mit dem „Schwarzbau" auf dem Baum ganz und gar nicht einverstanden. Der Künstler hatte es versäumt, rechtzeitig eine Baugenehmigung zu beantragen. Die Behörde begründete ihre Ablehnung damit, dass der Wohnwagen die Kastanie schädige. Der Baumhausherr bestellte darauf hin einen Gutachter, der zu dem Ergebnis kam, dass Baum und Baumhaus auch Orkane überstehen könnten. Expertisen scheinen aber wenig zu nützen, wenn Behörden Ziele verfolgen. So etwas mag einen modernen Künstler zwar auf die Palme bringen, von der Kastanie aber musste der Wagen runter. Es half nicht, dass Presse, Fernsehen und allerlei Freunde der Aktionskunst dies verhindern wollten. Einer „amtsmassigen" Baumhausbeseitigungsaktion kam der Künstler dann zuvor, indem er den Wohnwagen wieder auf den festen Boden behördlicher Tatsachen stellen ließ.

Übrigens: In einem in London erschienenen Stadtführer durch München ist das Baumhaus noch zu sehen. Als einzige Sehenswürdigkeit des Lehels.

**Ein Baumhaus
an der Isar.**

Inseln der Freude

Schon in alter Zeit, vor allem aber in der Biedermeier-Ära, gab es im Lehel stimmungsvolle Wirtshäuser. Sie waren manchmal so zahlreich, dass die angestammte Vorstadtbevölkerung nicht ausgereicht hätte, um die Lokale alle am Leben zu halten. Es kam ihnen jene Naturbegeisterung zustatten, die in der ersten Hälfte des 19. Jahrhunderts um sich griff. Man drängte hinaus ins Grüne, sobald die Witterung es zuließ, das Lehel mit seinen Wirtsgärten, Lauben und Salettln war den Münchnern ein beliebtes Ausflugsziel. Händler, Handwerker, Künstler und auch die politische Prominenz, alle wussten jene stimmungsvollen Nischen zu schätzen, in die sich das Leben nach getaner Arbeit zurückzog, um ein wenig Freude zu tanken.

DIE PRATERINSEL

Nicht nur Wien hatte seinen Prater, auch München konnte eine Volksbelustigung gleichen Namens aufweisen, jedoch mit viel bescheidenerer Ausstattung. Viel Volk kam zusammen, wenn sich an sonnigen Tagen auf der Praterinsel die Stände versammelten. Der lautstarke Frohsinn hätte kaum vermuten lassen, dass die Insel einst Stätte der Einkehr und der Besinnung gewesen war für fromme Franziskaner Mönche, ehe sie die Säkularisation aus München vertrieb. Bereits seit dem 17. Jahrhundert zeigte es sich, dass man zwischen den Isararmen relativ gefahrlos Feuerwerke abbrennen konnte, was bekanntlich zu allen Zeiten viele Leute auf die Beine bringt. Vor allem dann, wenn sich die Feuerwerkskörper im Wasser vervielfältigend spiegeln und eine nächtliche Flusslandschaft stimmungsvoll illuminieren. Daher stammt auch die sonderbare Bezeichnung „Feuerwehrinsel".

Tagsüber ging es auf der Praterinsel lustig zu. Dafür sorgte die „Isarlust" eine stattliche Gastwirtschaft mit einem großen Saal, der Schauplatz war für allerlei Festivitäten. Besonderer Beliebtheit erfreute sich das Rosenfest, aber auch im Fasching fanden dort große Bälle statt. Die Wirtschaft war

Schon in vergangener Zeit vergnügten sich die Leheler auf der Praterinsel.

**Das Alpine Museum
auf der Praterinsel 2006.**

umgeben von einem dicht bewachsenen Park, in dem sich allerlei Hütten und Lauben versteckten. Die Freunde der aktiven Freizeitgestaltung beteiligten sich am Ringelstechen, schaukelten oder tummelten sich auf der Kegelbahn. Da mögen die Angehörigen der gebildeten Stände wohlwollend gelächelt haben, als sich ihnen so „des Volkes wahrer Himmel" offenbarte.

Anton Gruber, der Wirt, konnte nicht klagen, der Geschäftsgang war ausgezeichnet. Als Vollprofi in Sachen Volksbelustigung zog er 1813 aufs Oktoberfest, um auch dort seine Kenntnisse und Fertigkeiten einzusetzen. Gruber war der erste konzessionierte Schausteller auf der Wies'n. Bei so viel Betrieb und Betriebsamkeit fragt man sich allerdings, warum der Nachfolger 1866 Konkurs anmelden musste. Er ging dann nach Altötting ins Kloster und starb bald darauf.

1834/35 erwarb die Firma Riemerschmid das Inselgrundstück und die Gebäude, um dort ihre Branntwein-, Likör- und Essigfabrik zu errichten. Anfangs stieß das auf erhebliche Schwierigkeiten, weil die Keller drei Meter unter den Isarspiegel gelegt werden mussten.

Weil die Riemerschmids aus Platzgründen nach Erding verzogen sind, wird die Praterinsel seit 1990 auf andere Art genutzt. Ihre einstigen Fabrikationsräume dienen heute der Kultur. Theatersäle und Ver-

anstaltungsräume ziehen ein kunstinteressiertes Publikum an. Wo früher Getränke hergestellt und in Flaschen gefüllt wurden, haben Künstler ihre Werkstätten und können ihrem Tagwerk relativ ungestört nachgehen. Der Deutsche Alpenverein mit Bibliothek und Museum hat inmitten der Millionenstadt ebenfalls eine dauerhafte Bleibe gefunden. Teile der Innenausstattung der Riemerschmid'schen Likörfabrik – aus den Werkstätten Richard Riemerschmids – wurden am 5. Juli 2006 im Münchner Auktionshaus Hugo Ruef versteigert.

Tango- und andere Tanzabende, Flohmärkte, ein Weihnachtsmarkt und das alljährliche Lehel-Sommerfest erfreuen sich großer Beliebtheit. Das alles ist aber nur möglich geworden, weil es der Stadt München gelang, einen Hotelbau an dieser Stelle zu verhindern und die Praterinsel der Bevölkerung als öffentlichen Raum zu erhalten.

DER GRÜNE BAUM

Freudeninseln stehen manchmal auch auf dem Festland. Nicht weit vom Münchner Prater lockte der „Grüne Baum". Seinen Namen hatte er von einer mächtigen Linde, die ein Sturm im Jahre 1789 fällte. Die Wirtschaft war nicht nur wegen ihrer idyllischen Lage begehrt, auch das allseits gerühm-

Der „Grüne Baum", ein beliebtes Ausflugsziel im 19. Jahrhundert.

König Ludwig I. als Gast im „Grünen Baum".

te Tölzer Bier hatte dort viele Freunde. Während in der Münchner Gegend die Sommerkühlung für den Gerstensaft noch im Argen lag, hatten die Tölzer Brauer mit ihren Felsenkellern gewisse Vorteile. Aus Gründen der Haltbarkeit war es üblich, das untergärige Bier in der kühlen Jahreszeit zwischen Michaeli (19. September) und Georgi (23. April) zu brauen und für den Sommer einzulagern. In den Natursteingewölben hielt sich das Bier viel länger frisch als in den Kellern der Münchner Schotterebene. Die Tölzer büßten diesen Vorteil ein, nachdem die Linde'sche Kühlung erfunden war. Der „Grüne Baum" mag Zeuge so mancher Belustigung gewesen sein, bis 1886 sein letztes Stündlein schlug. Beim Bau der Isarpromenade war die alte Flößerwirtschaft im Weg.

ZUM KETTERL

Den Modernisierungsmaßnahmen fiel 1888 auch das „Ketterl" zum Opfer. Es stand an der Unteren Lände, etwa da, wo heute die Lukaskirche aufragt. Ein Balthasar Ketterl, der die Wirtschaft 1696 von einer Theresia Hueberin übernommen hatte, gab ihr den Namen. Vom „Ketterl" aus soll man einen besonders schönen Blick aufs rechte Isarufer genossen haben. Und so fand sich des Öfteren illustre Gesellschaft ein, um sich den Tag zu verschönern. 1864 wurde der so genannte „Glassalon" als Tanz- und Festsalon angebaut. Gelegentlich soll sogar Richard Wagner dort eingekehrt sein.

DER PARADIESGARTEN

Abseits von der Isar, nahe dem Hirschanger, fanden sich wohl jene Ausflügler ein, die kein Wasser zum Glück brauchten. Ein kleiner Park umgab die stattliche Wirtschaft „Paradiesgarten", ein Englischer Garten en miniature gewissermaßen. Sogar an einen kleinen Chinesischen Turm war gedacht, obwohl das Original nur ein paar Schritte weit entfernt lag. Kurfürst Karl Theodor schenkte diesen „Para-

Im „Ketterl" verkehrte die Prominenz.

diesgarten" einem verdienten Mann: Adrian von Riedl hatte mit seinem Dammbau dafür gesorgt, dass das Lehel besser vor den Hochwassern der Isar geschützt war.

Sechzig Jahre später, der Dammbauer war längst verstorben, ging der „Paradiesgarten" wieder in fürstliche Hände zurück: Königin Marie, Max des Zweiten preußische Gattin, fand so viel Gefallen daran, dass sie das Anwesen für 35.000 Gulden kaufte. Sie wollte es im ursprünglichen Zustand erhalten wissen.

Dann aber kam 1870 der Krieg mit Frankreich, und die Ausflugsgaststätte wurde zum Lazarett. Als sich dann die Zeiten normalisierten und eine Wirtschaft wieder eine Wirtschaft sein durfte, verschenkte die Königin den „Paradiesgarten" mit der Auflage, dass er im ursprünglichen Zustand belassen und unterhalten werden müsse.

Noch einmal blühte der „Paradiesgarten" auf, auch wenn seine Grünfläche inzwischen erheblich geschrumpft war. Die Vorstadt hatte sich, dem Wandel der Zeit folgend, inzwischen ausgedehnt und die Begehrlichkeit nach freiem Baugrund wachsen lassen.

Doch noch immer war der Wirtsgarten des „Paradiesgartens" groß und stimmungsvoll genug, um Bürger und Künstler anzuziehen. Auch Handwerksgesellen und Soldaten des Leibregiments verbrachten dort ihre spärliche Freizeit. Besonders am Sankt-Anna-Tag, wenn zum Tanz aufgespielt wurde.

Dann aber rückte der Fortschritt heran, unaufhaltsam und unerbittlich. Er benötigte Baugrundstücke für Häuser und Straßen, konnte keine Rücksicht nehmen auf Idyllen und Beschaulichkeiten einer versinkenden Epoche.

Innerhalb des 19. Jahrhunderts war die Stadtbevölkerung von 40 000 Einwohner auf eine halbe Million angewachsen. Ein Wirtsgarten war Platzverschwendung. Und auch das Gebäude entsprach nicht mehr den Vorstellungen und Erfordernissen einer Zeit, von der Theodor Fischer sinngemäß sagte, dass in ihr einer den anderen an Prunk und Glanz übertrumpfen wollte. Der „Paradiesgarten" wurde deshalb teilweise abgerissen, der Rest überbaut und aufgestockt. Die Wirtschaft behielt zwar noch lang ihren Namen, änderte ihn aber vor einigen Jahren. Offenbar deshalb, weil die Gärten im Lehel so ziemlich verschwunden sind.

Der alte „Paradiesgarten", abgebrochen 1894.

Beim Paradiesgarten – hundert Jahre später.

DIE ARCHE NOE

Es würde zu weit führen, wollte man alle Bieroasen des alten Lehels an dieser Stelle gebührend würdigen. Da gab es zum Beispiel eine „Arche Noe" in der Wurzerstraße, als die noch nicht vom Lehel abgeschnitten war. Dort lernten Handwerksgesellen und das weibliche Hauspersonal das Tanzen. Für ein stattliches Honorar von zwei Gulden.

DAS ROCKERL

Am Ende der Galeriestraße stand das „Rockerl", so genannt, weil es dort in früherer Zeit einen „roccolo", einen Vogelherd (Vorrichtung zum Vogelfang) gegeben haben soll. Im 19. Jahrhundert galt das „Rockerl", auch als „Gespensterschlößl" bezeichnet, als eine gutbürgerliche Wirtschaft, obwohl es hundert Jahre davor von Zeitgenossen als „ein schlimmer Sauf- und

Das „Rockerl" mit dem sogenannten „Geister-Schlösschen".

Gastwirtschaft zum „Brüderl" an der Bruderstraße, abgebrochen 1895.

Hurenwinkel" abqualifiziert worden war. Nun sind sie alle aus der Vorstadt verschwunden: das „Brüderl", der „Beni am Bach", der „Jägerwirt" und das „Himmelreich". Ihre Namen verraten eine naturnahe, eine wohlige Atmosphäre. Die Zeit ist über sie hinweggegangen, und nur noch die Phantasie kann heute jene Sonnenstunden nachempfinden, die lange und schwere Alltage ertragen halfen. Das „Rockerl" wurde 1886 zusammen mit dem Lokal „Maigarten" abgebrochen.

Nach diesen Biedermeier-Idyllen benötigten die Leheler natürlich auch weiterhin Orte, an denen sie zusammenkommen konnten. Bis heute sind einige davon in guten Händen und guter Wirtshauskultur verbunden.

BEIM KRATZER

Auf dem Weg zur Haus- und Gassenschänke war es duster, denn eine auf Sparsamkeit bedachte Glühbirne leuchtete den Gang nur notdürftig aus. Aber im Schutz dieser Dämmerung genehmigten sich kleine

Bierholer einen verstohlenen Schluck, ehe sie den Rückweg in eine verräterische Tageshelle antraten. Damit senkte sich zwar der Pegelstand im Bierkrug, weil aber beim „Kratzer" gut eingeschenkt wurde, fiel der Schwund kaum auf.

In der Gaststube war es nur geringfügig heller als im Gang. Die Deckenlampe hatte es nicht leicht, sich gegen eine Holzvertäfelung durchzusetzen, die eine Unzahl von Virginiastumpen und Pfeifeninhalte gebeizt hatte. In der Wirtshausmitte stand ein mächtiger Ofen aus Gusseisen, dessen Rauchschwaden von einem langen Ofenrohr entsorgt wurden. An Wintertagen konnte es sich rot verfärben.

Der große Tisch bei der Theke war auch tagsüber besetzt. Aber die meisten Gäste stellten sich erst zum Dämmerschoppen ein: Handwerker, Polizisten, Postler, Trambahner, Pensionisten und Rentner. Alle hatten viel zu berichten, trotzdem blieb die Lautstärke so gedämpft wie das Licht. Etwas lebhafter wurde es nur, wenn man sich über Erzählinhalte ereiferte, die durch phantasievolle Bearbeitungen vielfach

Gastwirtschaft zum „Himmelreich", abgebrochen 1901.

verändert worden waren. So konnte meist nicht geklärt werden, ob nun die Pichlerin bei dieser unseligen Wette schon beim vierzehnten oder erst beim siebzehnten Knödel tot vom Stuhl gefallen sei. Umstritten blieb auch, ob sich der Postschaffner Grasmüller aufhängen oder erschießen hatte wollen, nachdem er beim Schafkopf drei Soli hintereinander verloren hatte. Im Allgemeinen blieben jedoch die Unterhaltungen moderat, denn die Betriebsamkeit des Alltags blieb beim „Kratzer" ausgesperrt.

Der Bombenkrieg verschonte die alte Bierwirtschaft, sieht man von einem begrenzten Dachstuhlbrand einmal ab. Als es 1948 nach der Währungsreform wieder zu essen, aber kaum Geld gab, kehrte mancher aus der Nachbarschaft beim „Kratzer" recht gern ein. Da standen neben orthographischen Fehlern bayerische Leibgerichte und zivile Preise auf der handgeschriebenen Speisenkarte: "Beuscherl mit Knedl", „Gronfleisch", „Böfflamot".

Bald aber sorgten gestiegene Einkommen für gehobene Wünsche. Es war nicht mehr schick, eine gewöhnliche Bierwirtschaft zu besuchen, in der weder Steaks noch Schrimps serviert wurden. Da gab es keine Damasttischdecke, welche zerfurchte Tischplatten hätte schamhaft verhüllen können. Es fehlte auch die obligatorische Stehbiertränke, wo Laufkundschaft, angetreten in Fünferreihen, eine Möglichkeit gefunden hätte, den Pilsgenuss zu zelebrieren. Wer mag da noch den Wirt machen! Für Kartenbrüder vielleicht und „Noagerlzuzzler", die viel erzählen, das Licht verbrennen und allesamt nicht so viel einbringen wie ein eiliger Messebesucher mit seiner ambulanten Begleitung.

Während beim „Kratzer" der Ertrag in den Keller ging, stiegen im Lehel die Bodenpreise. Dem Hausbesitzer mochte die herkömmliche Nutzung so widersinnig vorgekommen sein, als hätte er Tausendmarkscheine in die Isar geworfen. Und so wurde der denkmalgeschützte Bau der Zeit und den Kräften der Erosion überlassen.

Als es dann der bauliche Zustand erlaubte, wurde bei der Stadt die Abbruchgenehmigung bean

Ein stattliches Gebäude, wo einst das „Himmelreich" stand.

tragt. Da erhob sich Protest. Die „Bürgerinitiative zur Erhaltung Altmünchner Wirtshäuser" verteilte Flugschriften, klebte Plakate und sammelte Unterschriften. Man tat viel, um den „Kratzer" zu retten.

Handelte es sich doch bei ihm um einen spätklassizistischen Bau aus dem Jahr 1863. Die Mühen waren jedoch vergebens. Glücklicherweise haben andere Inseln der Freude die Zeit überlebt.

Der „Kratzer" überlebte den Bombenkrieg, den Bauboom aber nicht.

VOM BURGSTÜBERL ZUM TATTENBACH

Wo heute dieses Lokal steht, hatte es vorher drei Herbergen gegeben, die einst der Pfarrei Sankt Anna als Kinderkrippe dienten. Als in der Tattenbachstraße das große Sanieren begann, wurden die Häuser abgerissen und an ihrer Stelle ein vierstöckiges Wohngebäude errichtet mit einer Gaststube im Parterre, das Weinetablissement zum „Burgstüberl". Eine Burg war allerdings weit und breit nicht zu sehen, dafür gab's Gäste mit romantischen Bedürfnissen, die offenbar ein Mittelalter benötigten, um sich ihren Weinträumen hingeben zu können.

Die erste Speisekarte erweckt den Eindruck, als wäre es im „Burgstüberl" ungemein preiswert zugegangen: Ein Wildschweinbraten kostete fünfzig Pfennige. Wenn man aber bedenkt, dass ein Arbeiter um die Wende zum zwanzigsten Jahrhundert – „in der guten alten Zeit" – gerade einmal drei Mark am Zwölfstundentag verdiente, nimmt sich dieser Wildschweinbraten schon etwas teurer aus. Für das bedeutendste Volksnahrungsmittel, das Bier, muss es allerdings auch in ärmeren Kreisen gereicht haben: Jeder Münchner – Greise, Kleinkinder, Schwerkranke einbezogen – ließ damals jährlich 357 statistische Maß Bier durch die Kehle rinnen. Ausgerechnet in so einer Biergegend war nun ein Weinlokal entstanden.

Solange vor dem Ersten Weltkrieg das Bürgerglück gedieh, brauchte sich das „Burgstüberl" über mangelnden Zulauf nicht zu beklagen. Als jedoch nach dem Krieg Notzeiten anbrachen, war es um die weinselige Gemütlichkeit geschehen. Eine Weile versuchte sich das Lokal noch mit halbseidenen Geschäftspraktiken über Wasser zu halten – Animiermädchen sollten den schleppenden Geschäftsgang ankurbeln –, aber 1927 kam das Aus.

Da übernahm Helene Lang das „Burgstüberl". Die anspringende Konjunktur und Künstlerbekanntschaften sorgten dafür, dass das Weinlokal im Bierviertel wieder florierte. Bei der „Langin" verkehrten berühmte Leute. Da stellte sich schon einmal Julius Patzak an den Flügel und sang eines seiner Lieder zum Nulltarif.

Das „Tattenbach" lockt heute mit bayerischer Küche.

Auch Franz Völker, der große Wagnerheroe, schmetterte im „Burgstüberl" Arien. Rudolf Forster, Otto Falkenberg und Therese Giehse hörten gern zu. Die Giehse wohnte damals in der Liebigstraße und hatte das „Burgstüberl" gewissermaßen vor der Tür.

Max Pfahler, der Wies'nkapellmeister konnte auf dieser Tradition aufbauen, als er 1940 das Lokal übernahm. Nicht nur Sänger und Schauspieler fühlten sich dort wohl, es kamen auch Schriftsteller: Ernst Jünger und Hans Carossa gaben Leseproben ihres dichterischen Könnens. Auch die Münchner Turmschreiber und die Narrhalla fühlten sich hingezogen zum gemütlichen Ambiente der „Altdeutschen Weinstuben", wie sich das Lokal inzwischen nannte. Als 1964 die Räume renoviert und umgestaltet wurden, konnten nicht einmal die Erneuerer jenen genius loci vertreiben, der sich dort eingenistet hatte. Wer seinerzeit einen Abend in den „Altdeutschen Weinstuben" verbringen wollte, tat gut daran, sich rechtzeitig um einen Platz zu kümmern.

Inzwischen ist jedoch alles Altdeutsche so ziemlich aus der Mode gekommen. Heute kehrt man dort bei „Tattenbach" ein. Die Tradition ist dem Alltäglichen gewichen.

GANDL

Noch vor ein paar Jahren war dort zu lesen: „Echtes naturreines Butterschmalz", „Landeier aus Bodenhaltung", „Fleischpflanzl wie von Oma gebrutzelt". Bei Maria Gandl am Sankt-Anna-Platz versorgte sich eine aufgeklärte, umweltbewusste, wahrscheinlich auch zahlungskräftige Kundschaft mit Bio-Waren. Sonst hätte sich der Tante-Emma-Laden wohl nicht so lange halten können. An der Ladentür ermunterte ein sinniger Spruch Passanten zum geruhsamen Konsum:

„Grüß Gott und lass´ dir Zeit
bei uns gibt's noch Gemütlichkeit."

Diese Gemütlichkeit oder das, was sie dafür halten, wissen inzwischen auch Personen und Persönlichkeiten zu schätzen, in deren Leben es ansonsten recht umtriebig zugeht: Promis vom Film, vom Fernsehen, Sportasse, Politgrößen. Und natürlich auch all jene, die gern dazu gehören möchten. Da könnte einer ja mit unserer Bundeskanzlerin vielleicht frühstücken, mit Lothar Matthäus und Uli Höneß über Fußball fachsimpeln, mit Hape Kerkeling blödeln oder mit Stefan Raab einmal auf den Putz hauen.

Allerlei Größen des Medienzeitalters sind nun bei „Gandl" zu besichtigen. Denn der Tante Emma hat sich ein Restaurant hinzu gesellt, mit edlem Ambiente und noblen Gästen. So kann aus einem kleinen Ladl ein Kult-Laden werden. Lehel macht's möglich.

Bei „Gandl" lässt sich auch die Prominenz gern verwöhnen.

DER LIEBIGHOF

Einst stand dort eine jener Herbergen, wie sie fürs alte Lehel typisch waren: Einstöckige Bauweise, kleiner Wohnanteil für mehrere Parteien. Zu Beginn des 19. Jahrhunderts könnte ein rühriger Herbergler im Haus eine Schankstube eingerichtet haben, um etwas hinzu zu verdienen. Handwerker, Händler aber auch Kleinbauern, die es seinerzeit im Lehel noch gab, mögen sich dort, die Geselligkeit suchend, eingefunden haben: Zum Frühschoppen, zum Dämmerschoppen, bei anderen Gelegenheiten. Man arbeitete damals zwar viele Stunden am Tag, aber wohl kaum so gehetzt wie in den Zeiten des zunehmenden Fortschritts. Im Allgemeinen war jedoch damals die Vorstadt eine arme Gegend, in der sich der Wohlstand nur sehr zögerlich hinein wagte. Erst nach dem siegreichen Frankreichfeldzug von 1870/71, als Reparationsmillionen ins neu gegründete Reich flossen, kam auch im Lehel einiges in Gang. Die Zahlungen des Verlierers sorgten für den Aufschwung, die so genannten Gründerjahre setzten ein. Nun verfügte auch Josef Seebacher über die Mittel, um das Haus an der Liebigstraße großzügig umbauen zu können: Gasträume wurden erweitert, Stockwerke kamen hinzu. Der Zuzug besser Verdienender hatte die Gastzimmer gefüllt, und die ärmere Bevölkerung holte ihren Schlummertrunk im Tonkrug an der Haus- und Gassenschänke. Wer „Dreiquartel" bezahlte, bekam meist einen Liter eingeschenkt, „a Mass" wie man bei uns sagt. Gegen Ende des 19. Jahrhunderts, in der Prinzregentenzeit, als man das Lehel im großen Stil sanierte, war das Lokal offenbar wieder zu klein geworden. Bald ragte auch an der Liebigstraße ein imposanter Bau in die Höhe: Vier Stockwerke hinter neoklassizistischer Fassade. Der „Liebighof" war nun bekannt und beliebt als eine gut bürgerliche Wirtschaft, wo der Dachdecker neben dem Drogisten saß, wo Maurer und Maler sich angeregt unterhielten, wo der königlich-bayerische Staatsbeamte mit dem „Dreiquartelpensionisten" prostete, dessen Ruhegeld so karg war, dass er nur am Krug nippen durfte und seine Mass mit Verstand genie-

Hier hat das alte Lehel noch überlebt.

ßen musste. Lange hatte sich so ein Stück altes München erhalten, wo all jene sich wohl fühlten, denen es andernorts zu schick herging. Da kochte die Wirtin auf, und alle kamen sie, denen die Hausmannskost schmeckte: Bauarbeiter, Buchhalter, Beamte und ganz gewöhnliche Brotzeitmacher. Auch Filmleute mit Vorliebe für Lokalkolorit entdeckten den „Liebighof". Hier gab es noch ein Stück Rest-

Lehel, das sich dafür eignete, diversen „Münchner G'schichten" als Kulisse zu dienen. Seit siebzehn Jahren geben sich nun die Wirtsleute viel Mühe, um zu erhalten, was erhaltenswert ist, damit der „Liebighof" jene Insel der Beschaulichkeit bleibt, wie sie manche noch schätzen. Aber die Zeiten ändern sich und mit ihnen die Menschen. Wie lange wird es noch ein Publikum für das geben, was nicht in Allerweltsmanier daher kommt? Wo doch auch im Lehel bei manchen Lokalen ihre Pächter schneller gewechselt werden als die Glühbirnen.

DAS KLÖSTERL

„Zum Klösterl" zieht's kaum einen Heiligen. Mag sein, dass manchmal ein Frommer darunter ist, aber der sucht keine Weltabgeschiedenheit und keine Askese, er sucht den unterhaltsamen Genuss. Bei Gästen, die häufig auf Brettern stehen, welche angeblich, „die Welt bedeuten", dehnt sich oft der angefangene Nachmittag bis nach Mitternacht aus. Wo aber verbringt man ihn? Etwa im piekfeinen Promiladen? Ein Ambiente wohl für jene, die noch was werden wollen. Wer schon etwas ist und seine Rolle auf der Bühne vorzüglich gespielt hat, stellt sich hinterher nicht mehr gern zur Schau. Im „Klösterl" gibt's zwar auch „Adabeis", die den Fernseh- und Bühnenstars nah sein wollen, aber die Räumlichkeiten sind dort beschränkt, die Gefahr des Begafftwerdens hält sich in Grenzen. Und nach der Vorstellung ist man gleich am Ziel: Von der Kleinen Komödie, von den Kammerspielen, vom Residenztheater ist es nicht weit bis zur Sankt-Anna-Straße, wo sich das „Klösterl" hinter der mächtigen Fassade des Maximilianstils zu verstecken scheint. Seine Innenwände sind tapeziert mit Autogrammkarten, so dass der Blick die vielen bekannten Gesichter kaum fassen kann. Manche, die hier ein Bild mit Unterschrift hinterlassen haben, weilen längst nicht mehr unter uns, aber im „Klösterl" sind sie noch zu besichtigen. Leser der Münchner Abendzeitung, die mit dem Theatergeschehen nicht so vertraut waren, kannten immerhin „Blasius, den Spaziergänger". Der versammelte im „Klösterl" seine Jünger um sich, auch wenn diese es nie bis zum Apostel brachten. Wer beim Sigi Sommer am Tisch sitzen durfte, stand gelegentlich in der Zeitung und galt etwas im veröffentlichten Leben einer „Weltstadt mit Herz".

Das ist inzwischen Lehelgeschichte, und eine neue Generation von Klösterlbrüdern und -schwestern erfreut die Gegenwart.

Nach der Vorstellung ... in die Vorstadt ...

Aufbruch-, Umbruch- und Abbruchstimmung

PRINZREGENTENSTRASSE

König Ludwig II. plante eine Prachtstraße mitten durchs Lehel. Sie sollte von der Residenz zum Isarhochufer führen, wo der König für Richard Wagner ein Festspielhaus zu bauen gedachte. Der Plan scheiterte jedoch am massiven Widerstand des Münchner Stadtregiments und der Kabinettskasse.

Was der königlichen Autorität verwehrt geblieben war, setzten die Marktgesetze durch. Auch Bauherren, Städteplaner und Spekulanten benötigten in der Vorstadt eine neue Straße. Wenn auch nicht so sehr als Zugang zu einem Musentempel, der Völker veredelt. Diese Straße sollte Erschließungsmaßnahmen begünstigen und Baugrundstücke aufwerten. Schließlich war die Stadt durch zahlreiche Eingemeindungen so umfangreich geworden, dass 70% ihrer Fläche noch als unbebaute Spekulationsmasse zur Verfügung standen. Es bildeten sich so genannte Terraingesellschaften, die mit beträchtlichem Kapitaleinsatz Grundstücke aufkauften, parzellierten und vermarkteten. An solventen Käufern mangelte es in den neunziger Jahren des 19. Jahrhunderts

Heute ist die Prinzregentenstraße die wichtigste Ost-West-Verbindung.

nicht. Jedes Jahr gesellten sich der Münchner Einwohnerschaft 10 000 Neubürger zu, die nicht alle arm waren und vom Land kamen.

Münchens Ruf als Kunst- und Kulturstadt zog Wohlhabende an, welche die Isarpartie als bevorzugte Wohnlage zu entdecken begannen. Vor allem, nachdem sich den Kunstschätzen auch die Kultur des fließenden Wassers zugesellt hatte: Seit 1883 strömte frisches Quellwasser vom Mangfalltal in die Stadt. Und neun Jahre später sorgte eine vorbildliche Schwemmkanalisation für gesunde Lebens- und Wohnverhältnisse. Die Epidemien des 19. Jahrhunderts und Münchens Ruf als Seuchenstadt waren damit aus der Welt geschafft. Das wertete auch jene Wohngegenden auf, die bisher von höheren Ständen gemieden worden waren. Wer sich darauf verstand, im Lehel ganze Straßenzüge aufzukaufen, konnte mit beträchtlichen Spekulationsgewinnen rechnen. An solchen Geschäften beteiligten sich nicht nur Terraingesellschaften, auch die Stadt München griff begierig zu. Deshalb war sie sehr am Bau einer Straße interessiert, die das Lehel und das rechte Isarufer erschloss. Prinzregent Luitpold, nach dem tragischen Tod des Neffen Regent des Königreichs Bayern, gab der Straße lediglich den Namen, um ihre Werbewirksamkeit zu erhöhen, die Entscheidungen trafen andere.

Der Prinzregent konnte noch eine Brücke stiften, die dann ein paar Jahre später einem Hochwasser zum Opfer fiel, so dass er noch einmal in die Tasche greifen musste. Ansonsten hatte der Landesherr als Bauherr so ziemlich ausgedient – es fehlte das Geld wegen der Schulden des Vorgängers.

Unterdessen hatten sich rechts der Isar zahlungskräftige Grund- und Immobilienbesitzer zu einem Konsortium zusammengetan, das der Stadt einen Handel vorschlug. Wenn sie die Prinzregentenstraße über die Isar nach Osten weiterführe, würde man ihr den Grund dafür schenken. Natürlich ging die Stadt auf den Handel ein, und die Schenkenden freuten sich auch: Ihre Grundstücke zogen nach dem Bau der Äußeren Prinzregentenstraße kräftig an.

Mit der Prinzregentenstraße drang endgültig die Neuzeit ins Lehel vor. Innerhalb weniger Jahre sollte sich mehr verändern als in Jahrhunderten davor. Und die Veränderungen wurden überwiegend freudig begrüßt, ja mit Begeisterung aufgenommen. Schließlich war das Leben im verwinkelten Flickwerk der Herbergen nicht immer so beschaulich und glücklich, wie die Idylle glauben machen möchte. Mit dem alten Lehel verschwanden auch manches Rheuma-Loch und etliche Wanzenburgen aus der Vorstadt. Nun musste alles größer, breiter und prächtiger werden. Straßen wurden begradigt, Lücken gefüllt, Bäche überdacht, Fassaden geschmückt. Das Lehel wurde immer wohlhabender und vornehmer. Die Armut verschwand aus der Vorstadt, aber die Armen wurden deshalb nicht reicher, sondern abgesiedelt.

So als wollte er das Werk krönend überragen, steht seit 1899 der Friedensengel auf seiner Säule. Seine glänzende Gestalt und die Hoffnung, die sie verhieß, erfreuten die Menschen.

DIE SCHACKGALERIE

Die Kunst hat es zu allen Zeiten schwer. Zum Glück finden sich immer wieder Gönner und Förderer, die ihr hilfreich unter die Arme greifen. Was ja besonders wichtig ist, wenn es ihr noch an Anerkennung und Ruhm gebricht. Als im 19. Jahrhundert in München die Historienmalerei den Ton angab und die Malerfürsten Piloty und Kaulbach die Richtung wiesen, erkannten nur wenige die Qualitäten des jungen Lenbach. Zu diesen Kennern und Erkennern gehörte der preußische Schriftsteller und Sammler Graf Adolf von Schack. Er ermöglichte diesem Nachwuchstalent Reisen nach Italien und Spanien, wo es sich ausbilden und entfalten konnte. Der Graf förderte auch – heute zwar berühmte, damals aber noch wenig bekannte – Künstler wie Anselm Feuerbach, Arnold Böcklin und Moritz von Schwind, indem er Werke von ihnen ankaufte. Auch Gemälde von Carl Spitzweg, Eduard Schleich und Leo von Klenze sollten bald die gräfliche Sammlung in der Briennerstra-

Das Palais des preußischen Gesandten mit der Schackgalerie nach der Fertigstellung 1909.

ße bereichern. Auf diese Weise kam eine stattliche Kollektion von Meisterwerken zustande, welche die Dimensionen einer Privatsammlung bei weitem sprengte. Deshalb verfügte Adolf von Schack in seinem Testament, dass die Sammlung als Ganzes erhalten und in München verbleiben müsse, wo sie der Öffentlichkeit zugänglich zu machen sei. Und damit die Bilder auch in würdige Hände gelangten, vermachte er sie keinem Geringeren als dem Kaiser Wilhelm II., dem damit einige Verpflichtungen erwuchsen. Majestät sah sich veranlasst, den inzwischen berühmt gewordenen Kunstwerken einen würdigeren Rahmen zu schaffen als jenen, den die beschränkten Räume in der Briennerstraße bieten konnten. Da schickte es sich, dass 1907 in der Prinzregentenstraße dem preußischen Gesandten ein Palais zu errichten war. Max Littmann, der Architekt des Prinzregententheaters, wurde damit beauftragt. Er bereicherte die neue Prachtstraße, die damals noch beträchtliche Baulücken aufwies, mit einem klassizistischen Gebäude. Damit war nicht nur der preußische Gesandte standesgemäß untergebracht, auch die Sammlung des Grafen von Schack hatte damit eine würdige Bleibe gefunden.

Der Bombenkrieg zog auch dieses Gebäude in Mitleidenschaft. Zum Glück waren die Gemälde vorher ausgelagert, so dass wir uns auch heute noch – in stillen beschaulichen Räumen, wo Lärmschutzfenster die Verkehrsgeräusche der Prinzregentenstraße aussperren – an ihnen erfreuen können. Die Schack-Galerie ist ein erholsamer Ort an einer Verkehrsader, die immer lauter wird.

DAS BAYERISCHE NATIONALMUSEUM

Die Kreativität der Kunst- und Kulturschaffenden in Bayern wurde unterschätzt, als man ihren Werken in der Maximilianstraße eine Heimstatt baute. Schon 25 Jahre nach der Eröffnung war das Haus nicht mehr im Stande, eine Flut von ausstellungswürdigen Gegenständen aufzunehmen. Auch der Gesamtzustand des Gebäudes veranlasste den Innenminister von Müller, die Verantwortung für den ordnungsgemäßen Betrieb und jene 5000 Besucher abzulehnen, welche täglich die Staatssammlungen besichtigten. Schließlich begutachtete eine Landtagskommission den Musentempel in der Maximili-

Das Bayerische Nationalmuseum wurde 1900 bezogen ...
... und es sieht heute - 2006 - so aus.

anstraße und kam zu dem Schluss, dass ein Neubau unumgänglich sei. Dafür bewilligte der Landtag 4,4 Millionen Goldmark.

Zunächst war die Standortfrage zu klären. Man dachte dabei an das Anwesen des Landwirtschaftlichen Vereins in der Türkenstraße, erwog auch, das neue Nationalmuseum auf dem Gasteig zu errichten. Aber diese Grundstücke waren zu teuer, so dass man sich an das Gelände des ehemaligen Holzgartens im Lehel erinnerte, welches im Staatsbesitz war.

Im Oktober 1893 wurde Gabriel von Seidl, der bewährte Baukünstler, mit der Planung beauftragt. Er arbeitete so zügig, dass bereits ein Jahr später der Prinzregent bei der Grundsteinlegung das Motto des Unternehmens verkünden konnte: „Dem Land zum Nutzen, der Stadt zur Zier". Es gab freilich auch welche, die von dieser Losung nicht überzeugt waren, wenn sie an die Bausumme dachten. Nach flottem Beginn schien es allerdings so, als wollten sich Naturkräfte gegen das Projekt verschwören. Das Hochwasser von 1899 setzte den Museumsbauern gehörig zu, was die Fertigstellung verzögerte.

Im September 1900, also sieben Jahre nach Planungsbeginn, war den Kunst- und Kulturschätzen aus Bayern und Umgebung endlich eine würdige Pflegestätte geschaffen. Obwohl viele Exponate ausgelagert wurden, fielen im Zweiten Weltkrieg erhebliche Werte den Bomben zum Opfer. Auch das Museumsgebäude erlitt beträchtlichen Schaden. Erst 1949 war der Ostflügel wieder so weit hergestellt, dass er bescheidene Ausstellungen ermöglichte. Das Erdgeschoß stand erst 1955 zur Verfügung, die Obergeschosse folgten nach.

Inzwischen können sich zahlreiche Besucher in drei Abteilungen an jenen Erzeugnissen erfreuen, welche Kunst, Volkskunst und Kunsthandwerk in mehr als tausend Jahren geschaffen haben. Auch wenn manche nur kommen, um in der Weihnachtszeit die berühmte Krippenausstellung zu sehen. Schließlich weiß nicht jeder, dass es im Lehel ein Museum von Weltgeltung gibt, das vielfältige Einblicke in das künstlerische und kulturelle Schaffen

vieler Jahrhunderte vermittelt. Dabei ist der Besuch, vor allem für junge Menschen, von großer Bedeutung in einer Zeit, in der handwerkliche Fähigkeiten und Fertigkeiten immer mehr verloren gehen.

Im Jahr 2005 wurde der Vorplatz des Museums mit finanzieller Unterstützung seines Freundeskreises in den ursprünglichen Zustand versetzt.

IM HOFWINKEL –
LORENZ WANDINGER

In der Mühlstraße war Betrieb. Pferdefuhrwerke und Handkarren holperten übers Pflaster, Hausfrauen gingen ihren Besorgungen nach, Handwerker hatten zu tun. Aber die Geschäftigkeit ließ kaum einmal Hektik aufkommen, man nahm sich noch Zeit. Der Alltag war wohl schwer, manchmal auch hart, aber ziemlich frei von Hast. Zudem war es ratsam, sich in der Mühlstraße umsichtig und moderat zu verhalten, weil in ihrer Mitte der Hammerschmidbach floss, und der engte die Fahrbahn ein. Einst trieb er Mühlen und gab damit der Straße ihren Namen, nun hatte er aber hauptsächlich die Aufgabe übernommen, die Abwässer jener einstöckigen Holzhäuser aufzunehmen, welche die Mühlstraße säumten. Die Erdgeschosse hatten mehrere Türen, und ins obere Stockwerk gelangte man auf Holztreppen und Altanen. Jeder Eigentümer einer Kleinstwohnung hatte damit seinen Privateingang. Man gab sich Mühe, das bisschen Habe zu verschönern, denn die Vorstadt war trotz mancher Bedürftigkeit kein Elendsviertel – Farbe und Blumen versteckten die Armut. Als in der Stadt längst die Steine gesiegt hatten, blühte es im Lehel noch überall.

Wer der Mühlstraße bis zu ihrem nördlichen Ende folgte, wurde von drei Häusern aufgehalten, die sich von den anderen in ihrer Umgebung unterschieden – sie waren aus Stein. Es handelte sich also nicht um Herbergsanwesen, hier wohnte man zur Miete. Und diese Häuser, die hier die Mühlstraße zur Sackgasse machten, nannte man den Hofwinkel.

Als Lorenz Wandinger dort eine Bauschreinerei betrieb, gab es im Hofwinkel zwar nur drei Haus-

Lorenz Wandinger (1842 - 1912) brachte es vom Gesellen zum Handwerksmeister.

Lina Wandinger – eine selbstbewusste Meistersgattin.

nummern, aber viele Adressen. Ein Bleicher wohnte neben einem Musiker, der Hoftheaterrequisiteur hatte einen Lohnkutscher zum Nachbarn, Zigarrenmacher, Zimmerer, Mauerer und etliche Witwen fanden dort ein begrenztes Zuhause. Sogar ein Diurnist war im Hofwinkel daheim, auch unter der weniger klangvollen Bezeichnung „Taglöhner" bekannt. Wenn man jetzt noch den entsprechenden Anhang dazu denkt, fällt es nicht schwer, sich eine drangvolle Enge vorzustellen.

Ein solcher Ort verfügt nicht nur über ein unverwechselbares Bild, er zeichnet sich auch durch eine spezifische Geruchskomponente aus. Im Hofwinkel roch es hauptsächlich nach Holz. Nach frisch geschnittenem, nach verarbeitetem, nach moderndem,

nach verbranntem. Auch Ziegen, Schweine und Kaninchen erinnerten mit besonderen Duftnoten an ihre Anwesenheit. Lorenz Wandinger konnte sich sogar ein paar Kühe leisten, die, versorgt von seiner Frau Lina, der Schreinerei ein Zubrot lieferten. In der milden Jahreszeit dufteten Blumen und Blüten, die in großer Zahl verwitterte Gebäude schmückten, an denen keiner mehr etwas reparieren wollte. Manchmal drangen aus offenen Fenstern Kraut- und Kartoffeldämpfe, Brennsuppen- und Mehlmusgerüche. Nur an Sonn- und Feiertagen überwogen Schweinsbraten- und Rohrnudeldüfte. Aber wenn das Wetter umschlug, merkte man freilich auch, dass im Hofwinkel die Aborte, von vielen Parteien benutzt, außer Haus in windschiefen Verschlägen untergebracht waren.

An Werktagen war zu hören, wie gesägt, gehobelt, gehämmert wurde, und das oft bis in die Dunkelheit hinein. Es krähten aber auch Hähne und gackerten Hennen – die Vielzahl der Tierstimmen war oft lauter als die Reden der Menschen. Denn die befleißigten sich meist eines angemessenen Tones, weil noch kein Dauerrauschen im Hintergrund Worte verschlucken und ungeschehen machen konnte.

Gleich hinterm Hofwinkel verlief sich das Leben in Wiesen und Gärten. In den Häusern mochte es eng zugegangen sein, aber im Freien, so wurde berichtet, war viel Spielraum. Der zahlreiche Nachwuchs entzog sich oft hinter Haselnusssträuchern und Holunderbüschen den vielfältigen Aufgaben, welche Eltern zu vergeben hatten, sobald sie ihre Kinder erblickten. Es war gewiss schöner, auf Bäume zu klettern oder im hohen Gras zu verschwinden, als Botengänge zu verrichten oder in Werkstätten Handlangerdienste zu leisten. Manchmal brach sich dabei ein vorwitziger Vorstadtbub das Bein oder fiel gar in einen Bach und ertrank. Kindersterben war man gewöhnt: Lina Wandinger gebar elf Kinder, aber nur vier davon erreichten das Erwachsenenalter. Doch es ist überliefert – aus erster Hand – dass es im Hofwinkel schön war. Bis schließlich die Prinzregentenstraße auf das Lehel vorrückte. Nun waren Handwerker, Herbergen und Hofwinkel dem Fortschritt im Weg und mussten weichen. Sie machten vornehmen Bürgerhäusern, Verwaltungsbauten und Ministerien Platz.

Lorenz und Lina hatten bereits erfahren, dass sie ausziehen mussten, als der Immobilienverkehr in Bewegung geriet. Schon 1883 verkaufte Metzgermeister Hartl sein Hofwinkel-Haus, um sich zur Ruhe zu setzen. Nun war die Bayerische Hypotheken-Bank der Eigentümer. Vier Jahre später erwarb der Maurermeister Rose das Haus, offenbar gut, aber eben nicht gut genug informiert, was die Preisentwicklung auf dem Grundstücksmarkt betraf. Sonst hätte er das Objekt gewiss nicht noch schnell dem Handschuhfabrikanten Holste überlassen, der es nur ein Jahr später, mit erheblichem Gewinn offenbar, an die Stadt München verkaufte. „Wollen

**Die vier Wandinger-Töchter von links:
Käthe, Laura, Elisabeth und Johanna.**

wir nach Bogenhausen ziehen?" fragte damals der Lorenz seine Lina. Die aber war davon gar nicht erbaut, weil ihr die Gegend zu ländlich erschien. Und so kauften sie sich vom Ersparten im nördlichen Lehel ein Haus, mit dem sie nie so recht glücklich wurden. So lang sie lebten – es waren nur noch ein paar Jahre – dachten sie mit Wehmut an den Hofwinkel zurück.

Den aber gibt es nicht mehr. Und wer die Mühlstraße sucht, wird kaum fündig werden: Sie heißt nun Reitmorstraße. Auch der Hofhammerschmidbach ist längst überwölbt und versiegt. Aber dort, wo einst die Häuser des Hofwinkels den Fortgang der Straße begrenzten, verläuft heute als ein anderes Hindernis die Prinzregentenstraße. Einst verlor

Lorenz Wandinger mit Tochter Laura und Enkelin Johanna vor ihrem Milchgeschäft 1909 in der Riedlstraße.

sich dort die Stadt in Wiesen und Gärten, jetzt rollt der Verkehr unentwegt auf der wichtigsten innerstädtischen Ost-Westachse Münchens.

FLIESSENDES WASSER

Den Lehelern mochte es bisweilen wie Schiffbrüchigen ergangen sein – ringsum Wasser, aber keines zum Trinken. Denn wenn verschmutzte Isarfluten in Folge eines Hochwassers in den Untergrund eindrangen und Brunnen vergifteten, wurde

die Trinkwasserversorgung zur öffentlichen Gefahr. Aber auch in normalen Zeiten ließ die Trinkwasserhygiene zu wünschen übrig. Lagen doch Versorgung und Entsorgung oft in unmittelbarer Nachbarschaft, die Vorstadt war dafür bekannt, keine besonders gesunde Wohngegend zu sein. Vor allem im 19. Jahrhundert verschlechterte ein massiver Zuzug die Verhältnisse so sehr, dass immer wieder Epidemien ausbrachen. Von Seuchen blieb zwar die ganze Stadt nicht verschont, aber das Lehel war von ihnen besonders betroffen. Vor allem setzte die Cholera den Münchner Vorstädten zu. Doch dem königlichen Hof- und Leibapotheker Max von Pettenkofer war inzwischen aufgefallen, dass Seuchen an bestimmten Stellen häufiger auftraten als anderswo. In einem Cholera-Grundbuch ließ er Häuser und Gegenden erfassen, in denen Massenerkrankungen aufgetreten waren. Dabei zeigte es sich, dass Menschen in Wohnvierteln mit mangelhaften sanitären Einrichtungen besonders oft von der Cholera betroffen waren. Pettenkofer trug diese Erkenntnisse namhaften Vertretern der Wissenschaft zu, aber es mussten zehn Jahre vergehen, ehe in München eine Hygiene-Anstalt gegründet wurde, immerhin die erste in Deutschland. Neuerungen fordern aber Widerstände heraus, besonders wenn sie etwas kosten. Weite Kreise des Münchner Bürgertums waren der Ansicht, dass alles, was früher ausgereicht habe, auch künftig funktionieren müsse. Bürgermeister Erhardt erkannte jedoch, wie notwendig es sei, die Stadt mit Trinkwasser zu versorgen und Abwässer zu beseitigen. Man verfügte zwar schon 1812 über unterirdische Abwasserkanäle, aber regelmäßige Ausbrüche von Epidemien zeigten, dass sie unzulänglich waren. Im Gutachten eines sächsischen Baurats wurde empfohlen, dass München künftig mit Mangfallwasser versorgt werden sollte. Seit dem 1. Mai 1883 strömte es dann in die Stadt und speiste die Brunnen. Um die Jahrhundertwende begann eine moderne Schwemmkanalisation die Abwässer zu beseitigen, Cholera und Typhus waren fortan besiegt. Zu dieser Zeit wurde auch die Isar reguliert und der Wasserspiegel um etwa sechs Meter gesenkt, was die Hygieneverhältnisse zusätzlich verbesserte. Das Lehel bereitete sich darauf vor, künftig eine noble Wohngegend zu werden. Zu Beginn des 20. Jahrhunderts nahm die einstige Vorstadt in der Münchner Gesundheitsstatistik bereits den dritten Rang ein. Heute kann München behaupten, über das sauberste und beste Trinkwasser aller Millionenstädte Europas zu verfügen. Vor allem seit 1983: Hundert Jahre nach dem Mangfallwasser wurde im Loisachtal für die wachsende Großstadt eine zusätzliche Quelle erschlossen.

Die öffentlichen Brunnen hatten längst als Zapfstellen für die Trinkwasserversorgung ausgedient. Vergessen war die Zeit, in der beim Brunnen neben dem Wasser auch die Rede floss und ein vorstädtischer Nachrichtenmarkt florierte.

Heute dürfte wohl keiner mehr leben, der den „dabbigen Brunnen" näher gekannt hat. Längst sind all jene verblichen, die auf dem nächtlichen Nachhauseweg unliebsame Bekanntschaft mit ihm gemacht hatten. Schließlich verfügte auch dieser Brunnen, wie seinerzeit üblich, über einen Brun-

Dem St. Anna-Brunnen entspringen die vier Paradiesflüsse: Pison, Gichon, Euphrat und Tigris.

Der Vater-Rhein-Brunnen an der Isar.

Der Fortuna-Brunnen am Isartorplatz.

Der
Waitzfelder-
Brunnen,
heute
Ceres-
Brunnen.

nenschwengel, mit dem man das Wasser hochzupumpen pflegte. Doch die Nachlässigkeit verführte manchmal dazu, diese Handhabe in willkürlicher Stellung zu belassen, so dass sie beträchtlich abstand. Der Brunnenschwengel ragte dann in die Fußgängerroute hinein und stellte, vor allem bei Nacht und dürftiger Beleuchtung, ein erhebliches Hindernis dar. Besonders wenn das Bier süffig gewesen war. Wer aber wollte die Schuld bei sich und dem Bier suchen, wenn sein Haupt wieder einmal leidvolle Bekanntschaft mit dem Brunnenschwengel gemacht hatte! Schmerz, Wut und Ärger ließen dann lautstark in die Vorstadtstille fluchen! „„zefix! Brunnen, dabbiger!" Und weil solches relativ häufig geschah, hatte der harmlose Wasserspender seinen Namen weg: „Dabbiger Brunnen!" (Dämlicher Brunnen).

Bald übertrug sich der Leumund, der von der Kollisionsgefahr ausgegangen war, auf die Wasserqualität. Und so bürgerte es sich ein, bei Verhaltensauffälligen zu vermuten: „Der hat g'wiß vom dabbig'n Brunnen trunken." Diese Redewendung hat sich bis in unsere Tage erhalten.

Der „Dabbige Brunnen" ist seit über hundert Jahren zugeschüttet und aus der Vorstadt verschwunden wie alle anderen öffentlichen Wasserstellen auch. Wasser, das im Lehel aus der Tiefe nach oben dringt, dient heute nur noch Verschönerungszwecken und dem gehobenen Lebensgefühl. Wie etwa der 1907 im Jugendstil erschaffene Fortuna-Brunnen am Isartorplatz, der Ceres-Brunnen am Thierschplatz oder der Vier-Flüsse-Brunnen bei der Sankt-Anna-Kirche.

DAS BAYERISCHE VERMESSUNGSAMT

Im Lehel ist ein Schatz vergraben: im Keller des Landesamts für Vermessung und Geoinformation an der Alexandrastraße. Dort lagern etwa 26 000 Lithographiesteine, an deren Oberfläche über zwanzig Millionen bayerische Grundstücke eingraviert sind. Ein weltweit einmaliges Steinplattenarchiv.

Wie kam es dazu? Wieder einmal war „der Krieg Vater aller Dinge", Not macht erfinderisch. Napoleon war in Europa auf dem Vormarsch und benötigte zuverlässigeres Kartenmaterial für seine Truppenbewegungen. Die französischen Besatzer drängten darauf, dass es in Bayern mit der Kartographie vorwärts ging. Nachdem aus Besatzern Verbündete geworden waren, machte Napoleon das Kurfürstentum zu einem Königreich mit gewaltigem Gebietszuwachs. Doch das Land, in dem der bayerische König herrschte, glich einem Fleckerlteppich, zusammengesetzt aus ehemaligen Bistümern, Grafschaften, Städten und anderen einstmals reichsfreien Herrschaftsgebieten. So ein Gebilde war also zu organisieren und zu modernisieren. Und in einer nunmehr aufgeklärten Epoche der zunehmenden Begrenzungen und Begrenztheiten wollte man natürlich wissen, wie groß dieses Königreich ist, und wie sich in ihm der Besitz verteilt. Es musste also gemessen und vermessen werden. Doch die dafür erforderlichen Gerätschaften gab es in England, aber die napoleonische Kontinentalsperre verhinderte, dass sie nach Bayern gelangten. Deshalb kamen kreative Landeskinder zum Zug: Joseph Utzschneider, ein Multitalent, erkannte, dass das chaotische Grundsteuersystem reformiert werden müsse, damit Geld in die Staatskassen fließe, Grundstücke und Liegenschaften sollten deshalb in Katastern erfasst und entsprechend besteuert werden. Johann Georg Soldner, Mathematiker und Astronom, entwickelte ein Dreiecknetz, mit dem sich der Flächeninhalt eines Landes und seiner Ländereien berechnen ließ. Georg Friedrich Reichenbach, Betreiber einer mathematisch-mechanischen Werkstätte, lieferte die technischen Gerätschaften für ein solches Vorhaben. Der Glasergeselle Joseph Fraunhofer stellte ein Glas her, das sich vorzüglich für optische Zwecke eignete.

Zunächst gravierte man die ermittelten Daten in Kupferplatten, um sie vervielfältigen zu können. Bis Alois Senefelder die Lithographie entwickelt hatte und es sich zeigte, dass Solnhofener Steinplatten für den Druck besser geeignet waren als Kupfer.

Im Landesamt für Vermessung und Geoinformation.

Nach Überwindung zahlreicher Widerstände, kleinlicher Kompetenzstreitigkeiten und finanzieller Engpässe war das Werk vollbracht: 1868, sechs Jahrzehnte nach den Anfängen, war Bayern vermessen – als erstes Land in Europa! Fortan sollten sich andere Staaten an diesem Vorbild orientieren.

Zu Beginn des 20. Jahrhunderts wollte man nun das „Katasterbureau" aus seinen beengten Verhältnissen im Alten Hof befreien. Und weil im Lehel zu dieser Zeit viel Neues entstand, war auch Raum für eine würdige Bleibe. Im September 1901 konnte der neubarocke Bau an der Alexandrastraße 4 bezogen werden, die Voraussetzungen für ein Bayerisches Landesvermessungsamt waren geschaffen.

Die Steinplatten im Keller, so wertvoll sie auch sind, sie werden längst nicht mehr verwendet, eine an Modernität sich schier überschlagende Technik hat deren Aufgaben übernommen. Vermessen wird von Flugzeugen aus, von Satelliten bezieht man Informationen, Lasertechnik tastet die Konturen der Erdoberfläche ab, Computer verarbeiten die Daten, werten sie aus. Abnehmer dafür sind Verkehrs- und Bauplaner, Marketingstrategen und Tourismusmanager. Alle eben, die mit der Verwertung und Vermarktung einer Topographie befasst sind, die sich täglich ändert und deren Abbildungen auf den neuesten Stand gebracht werden müssen. An die sechshunderttausend Luftbilder aus den zurückliegenden sechs Jahrzehnten können verdeutlichen, wie sehr der Freistaat Bayern seinen Lebensraum und die Erdoberflächenbeschaffenheit in einem halben Jahrhundert verändert hat. Wo noch vor gar nicht so langer Zeit Schafe weideten, ist die Welt mit Trabantenstädten und Gewerbegebieten verpflastert, aus Bauernwegen sind Schnellstraßen geworden, in der Moosgegend wuchert ein Airport. Dem Vermessungsamt kann die Arbeit kaum ausgehen in einem Bundesland, wo täglich eine Fläche, die der Größe von drei Fußballfeldern entspricht, mit Beton und Asphalt versiegelt wird. Die elektronischen Hilfsmittel des Vermessungsamts wären leicht im Stande auszurechnen, wann Bayern bei gleichbleibendem „Wachstum" zugepflastert sein würde.

Schwere Zeiten

KRIEG IN DER VORSTADT

Immer wieder suchten Kriege das Lehel heim. Lag es doch außerhalb der Stadtbefestigung und war deshalb besonders gefährdet. Aus der Zeit des Dreißigjährigen Kriegs weiß man, was die Vorstadt betrifft, wenig. Es darf aber angenommen werden, dass sowohl 1632 als auch 1648 die schwedischen und kaiserlichen Heere das Lehel genauso heimsuchten wie alle anderen Orte, die sie plünderten und verwüsteten. Über die Ereignisse um den Spanischen Erbfolgekrieg ist man, sofern sie sich aufs Lehel beziehen, besser informiert. Man weiß beispielsweise, dass es im Lehel Leute gab, die mit den aufständischen Bürgern und Bauern anno 1705 nicht nur sympathisierten, sondern auch konspirierten. Nach dem Scheitern der Rebellion fielen auch fünf Leheler der habsburgischen Besatzerrache zum Opfer. Als sich 1796 Franzosen und Österreicher bekriegten, blieb das Lehel nicht ungeschoren. Da nützte es wenig, dass Bayern neutral geblieben war und München seine Stadttore verriegelte. Die feindlichen Heere zogen an der Stadt vorbei und lieferten sich über die Isar hinweg Feuergefechte. Die Kanonenkugeln, mit denen die Österreicher vom Gasteig her das linke Isarufer beschossen, setz-

Lange Zeit das höchste Bauwerk in der Vorstadt – der Rote Turm.

115

ten nicht nur Tausende Klafter Holz in Brand, die an der Lände lagerten, auch der Rote Turm ging dabei in Flammen auf. Dieses alte Wahrzeichen des Lehels hatte dreihundert Jahre den Isarübergang an der Ludwigsbrücke bewacht, ehe es diesem Feuer zum Opfer fiel.

Als die feindlichen Truppen endlich abgezogen waren, musste die Stadt alle Pferde und Wagen aufbieten, um die Hinterlassenschaften der Kampfhandlungen zu beseitigen. Die Schäden wären wohl noch größer ausgefallen, hätte der französische Kommandant der Münchner Garnison nicht erlaubt, im Lehel zu löschen.

Gemessen an den schlimmen Maitagen des Jahres 1742 waren solche Bedrängnisse noch als harmlos zu bewerten. Im Verlauf des Österreichischen Erbfolgekriegs waren wieder einmal habsburgische Hilfsvölker am Gasteig aufmarschiert. Es ging darum, München einzunehmen und dem bayerischen Konkurrenten so viel Schaden wie nur möglich zuzufügen. Wie überall im Land, so taten sich auch hier Panduren und Husaren durch besondere Grausamkeit hervor. In den frühen Morgenstunden des 6. Mai gelang ihnen die Isarüberquerung. Sie drangen in das noch schlafende Lehel ein und zünde-

ten es an mehreren Stellen an. Schlimme Einzelheiten werden berichtet, und der Berichterstatter ist der berüchtigte Husaren-Menzel, ein Anführer der Mordbrenner. So erfährt man, dass Eindringlinge den Aujägermeister Anton Daiser in seinem Bett in Stücke hieben, den Hofwachsbleicher an die Tür seines Hauses nagelten und dann erschossen, und dass der Gewürzmüller und der Gschlößlwirt von ihnen grausam ermordet wurden. Auch Frauen und Kinder verschonte die entmenschte Soldateska nicht.

Als die Kriegshorden abgezogen waren, zählte man im Lehel sechzig niedergebrannte Häuser. Wenn man bedenkt, wie klein die Vorstadt damals noch war, wird das Ausmaß der Zerstörung erst deutlich. Es dauerte lange, bis sich das Lehel von diesen Schäden und Plünderungen erholte.

PFLANZUNGEN IM ERSTEN WELTKRIEG

„Bürger, schont eure Anlagen", so stand es auf Schildern zu lesen, die im Englischen Garten und an der Isar vor dem Betreten der Grünflächen warnten. Aber Werte wandeln sich, besonders in Notzeiten.

Die siebente Klasse der Bogenhausener Schule beim Kartoffelanbau im Englischen Garten.

KLEINE PATRIOTEN

Schülerinnen erproben den Ernstfall.

Im Frieden kann ein makelloser Rasen viel Freude bereiten, wenn aber Krieg und Hunger herrschen, erfreut sich das Auge an Kohlköpfen, Gemüsebeeten und Kartoffeläckern.

Einige Ästheten mögen anfangs noch die Stirn gerunzelt haben, als „Frevler" den ehrwürdigen Rasen des Englischen Gartens beim Eisbach umbrachen, damit dort Nahrhaftes angebaut werden konnte. Denn eben hatte man den berüchtigten Steckrübenwinter 1916/17 hinter sich gebracht, als außer „Dotschen" kaum noch was Essbares aufzutreiben gewesen war. Bei Kriegsausbruch war vor lauter Siegeszuversicht das Rationieren vergessen worden.

Wer genug Geld hatte und weitsichtig genug war, deckte sich ein. Aber die große Mehrheit hungerte, als die Vorräte aufgebraucht waren und der Frieden auf sich warten ließ. Da zogen die Städter hinaus aufs Land, um Lebensmittel zu hamstern. Aber die wachsende Zahl der Bittsteller verringerte die Gebefreudigkeit der Bauern. Bald bestand das tägliche Brot nur noch aus Kartoffeln und Kleie, so dass die Wecken auf dem Weg vom Bäcker nach Hause

dreimal abbrachen. Trotzdem wäre man glücklich gewesen, hätte man nur genug davon gehabt. In einer solchen Zeit verlieren auch die Schönheiten des Englischen Gartens an Reiz, die Not macht aus Ästheten Pragmatiker.

Sobald die von Schulkindern gepflanzten Gartenfrüchte gereift waren, weckten sie auch die Begehrlichkeiten von Schöngeistern. Die Klassen mussten schließlich Wachen aufstellen, damit die Ernte nicht von Unbefugten eingefahren wurde.

ROTE RÄTE UND WEIßE RÄCHER – ERINNERUNGEN AN DEN 7. NOVEMBER 1918

Sie erinnerte sich gut daran, denn es geschah an ihrem siebten Geburtstag. Geschenke gab's keine, und ein Fest schon gar nicht. Länger als vier Jahre dauerte nun schon dieser Krieg, es fehlte am Nötigsten, man hungerte. Das Geburtstagsfrühstück bestand aus einer Tasse Malzkaffee und einem Stück Brot, zur Feier des Tages mit Marmelade bestrichen.

Als sie in die Emil-Riedel-Straße einbiegen wollte, näherte sich von der Oettingenstraße her ein Menschenauflauf: Arbeiter in der Werktagskluft, Soldaten in Uniform, Männer mit roten Armbinden. Allmählich verstand sie auch, was da skandierend gegrölt wurde: "Nieder mit'm Millebauern, nieder mit der Butterresi!" Gemeint waren der König Ludwig III., dessen Vorliebe für die Landwirtschaft bekannt war, und seine Gattin Therese. Wie hätte sie ahnen sollen, dass Majestät inzwischen den Hintereingang der Residenz benutzt hatte, um sich und seine Familie in Sicherheit zu bringen.

„Mama, die Franzosen kommen!" rief sie aufgeregt, nachdem sie angsterfüllt heim gelaufen war. In ihrer Vorstellungswelt konnten Gewalt und Verhängnis nur von einem Feind drohen, der seit Jahren für alles Böse verantwortlich gemacht wurde. Erst später sollte sie erfahren, was an diesem 7. November 1918 alles geschah: Von der Massenversammlung auf der Theresienwiese, vom Umsturz und dem Kriegsende, von der Verkündigung des Kurt Eisner: "Das Haus Wittelsbach ist abgesetzt. Hoch die Republik!" Von dem, was wirklich los war, bekamen die Leute im Lehel wenig mit. Sie merkten nur, dass es ziemlich drunter und drüber ging und die schlechte Versorgungslage allmählich katastrophal wurde. Für Untertanen, die daran gewöhnt waren, dass die Obrigkeit für Ruhe und geordnete Lebensverhältnisse sorgt, kaum zu begreifende Zustände.

An einen schier endlosen Trauerzug, der dem Sarg des am 21. Februar 1919 ermordeten Kurt Eisner folgte, konnte sie sich auch erinnern. Die Kinder hatten schulfrei und rannten zum Ostfriedhof hinauf, damit ihnen vom Schauspiel nichts entging. Doch wer im Viertel hatte schon eine Ahnung von den Zielen einer „Räterepublik Baiern", die drei Wochen lang für chaotische Verhältnisse sorgte! Literarische Idealisten, verbohrte Ideologen, mitunter

Eine russische Festung ist erobert. Am 25. August 1915 wird im Lehel gefeiert.

auch Kriminelle hatten sich zu einem unvereinbaren Politverein zusammengetan. Der dreiundzwanzigjährige Matrose Eglhuber war Oberkommandierender einer Roten Armee, bei der die Halblinke nicht wusste, was die Linke tat. Für alle, die nun gegen das rote München agitierten und militärisch vorrückten, willkommene Zustände. Einen Tag vor ihrer endgültigen Niederlage begingen dann die roten Revoluzzer ihrer größte Dummheit: Sie ermordeten acht Geiseln und lieferten den Vorwand für eine blutige Abrechnung. Nachdem sich die Reichstruppen, Freikorps, oberlandlerische Musketenträger und andere Ruhe- und Ordnungsstifter Münchens bemächtigt hatten, tobten sie einen Rachefeldzug aus. Nicht nur Rote, auch einfache Passanten, die sie zufällig in Arbeitskleidung antrafen, ja sogar einundzwanzig katholische Gesellen stellten die weißen Terroristen an die Wand und brachten sie um. Sie sah ihn liegen. An mehreren Tagen, ohne dass

sich jemand darum kümmerte. Wenn sie zur Gebeleschule hinauf ging und die Bogenhausener Brücke überquerte, lag er zerschmettert unten – der junge Matrose. Rächer hatten ihn über die Brüstung gestürzt, offenbar war er ihnen keinen Schuss Pulver wert gewesen.

KRIEG VON OBEN – ERINNERUNGEN AN DEN ZWEITEN WELTKRIEG

Im Vincentinum, dem Altenheim an der Oettingenstraße, hatte sie ein Zimmer. Ein geräumiges zwar, aber besonders hell war es nicht. Dafür sah sie, wenn sie zum Fenster hinaus schaute, eine grüne Insel: Wo einst die kleinen Häuser vom Gries gestanden hatten, gab es jetzt eine Wiese mit Bäumen. Auf dieser Seite des Vincentinums ist man auch weitgehend verschont vom Verkehrslärm der Oettingen-

Luftkrieg im Lehel.

Bombenschäden in der Lerchenfeldstraße nach dem Luftangriff vom 24. Oktober 1943.

straße. Vor allem aber konnte sie in der gewohnten Umgebung bleiben. In der Lerchenfeldstraße stand noch das Haus, in dem sie Kindheit, Jugend, ja ihr Leben verbracht hatte, insgesamt acht Jahrzehnte. Seit langem Witwe und kinderlos, soll man da noch allein in einer großen Parterrewohnung leben und sich ums Haus kümmern! Wo die Tage doch immer beschwerlicher werden. Im Vinzentinum war sie nun betreut und gut aufgehoben. Wenn Besuch kommt, gibt es manches zu erzählen. Wer ansonsten wenig Ansprache hat, freut sich auf jedes Gespräch, in dem er mitteilen kann, was ihn in langen Stunden des Alleinseins gedanklich beschäftigt. In der Regel sind das Geschichten aus fernen Tagen.

„Es muss an einem Herbsttag gewesen sein. Die Blätter der Kastanie im Hof waren braun und zum Teil schon am Boden", erinnerte sie sich. Dann berichtete sie vom Fliegeralarm und Bombennäch-ten, die sich häuften, je länger der Zweite Weltkrieg dauerte. Vom schaurigen Sirenengeheul, vom Bellen der Flak, von Ängsten im Keller unterm Haus war dann die Rede. Mit der Zeit habe man sich schon fast daran gewöhnt, aus dem Schlaf gerissen und in den Keller gescheucht zu werden. Später sei man auch immer öfter tagsüber da unten gehockt und habe auf Entwarnung gewartet. Diese Art Luftschutz sei jedoch eine recht unsichere Geschichte gewesen, wie sie heute weiß. Eng und stickig, sei es da unten zugegangen, kein Notausgang, kein Loch, durch das man im Notfall vielleicht hätte hinaus kriechen können, habe es gegeben. Dazu noch die Wasser- und Gasleitungen! „Ein Volltreffer in der Nachbarschaft, und wir wären da unten erstickt, ersoffen oder lebendig begraben gewesen." Balken, welche die Kellerdecke hätten abstützen sollen, wären wohl zusammengeknickt wie Streichhölzer.

Trotzdem hätten viele Leute aus der Nachbarschaft unter ihrem Haus Schutz gesucht, weil deren Kohlen- und Kartoffelkeller „noch windiger" gewesen seien: „Manchmal ist es recht eng geworden in unserem Luftschutzkeller." Doch in der Gemeinschaft habe man die Angst nicht so sehr empfunden, Gespräche, auch wenn die Angst sie manchmal stocken ließ, lenkten ein wenig ab.

Aber in jener Herbstnacht im Jahr 1943 hätten sie alle gezittert: „Mütter haben geschrieen oder laut gebetet, Kinder haben geweint, starke Männer sind recht klein geworden." Da sei ein Pfeifen gewesen, ein Krachen, ganz in der Nähe habe es eingeschlagen, so dass der Kellerboden zitterte. „Endlich war der Dauerton von Sirenen zu hören: Entwarnung – nichts wie raus aus dem Keller!"

Draußen sei es dann taghell gewesen, hinterm Haus habe es gebrannt: „Unsere Holzveranda, wo wir so viele schöne Stunden verbracht haben, steht in Flammen. Auch der Kastanienbaum brennt lichterloh, wie ist das möglich? Grünes Holz brennt doch nicht! Wird wohl ein Phosphorkanister gewe-

sen sein, der ihn angezündet hat." Alle hätten dann beim Löschen geholfen, damit der Brand sich nicht ausbreitete: Mit Wassereimern, mit Spritzen, mit Sand, die in allen Haushalten bereit zu stehen hatten. Als dann endlich Feuerwehrleute anrückten, sei der Brand fast gelöscht gewesen.

Am Morgen sollte es sich dann zeigen, wie nah Tod und Vernichtung gewesen waren, in unmittelbarer Nachbarschaft gab es gewaltige Bombenschäden: „ Keine zweihundert Meter weiter, in der Karolinenstraße waren Wohnblöcke wie Kartenhäuser zusammen gefallen. Tote und Verletzte hat es gegeben, ich weiß nicht mehr wie viele." Erst später sei ihr so richtig bewusst geworden, wie sehr sie vom Verhängnis verschont worden war.

„Die Bomben haben mich halt damals nicht wollen, und so bin ich eben zweiundachtzig Jahre alt geworden", meinte sie und blickte versonnen hinaus auf die grüne Insel, der die Armeleutehäuser vom Gries hatten weichen müssen. Der Bombenkrieg hatte sie verschont, aber eine zukunftsorientierte Stadtverwaltung kannte keine Gnade.

Auch diese Holzveranda brannte ab.

HANS WANDINGER – ERINNERUNGEN

Sie sagten Hansl zu ihm. Nicht dass man ihn gering schätzte und deshalb verniedlichte. Es war sein fein geschnittenes Gesicht und die zierliche Gestalt, welche seinen Namen verkleinerten.

Er kam an dem Tag zur Welt, als die Siegermächte dem Deutschen Reich in Versailles harte Bedingungen auferlegten. Er wurde also in eine schwere Zeit hineingeboren, die das Leben der Nachkriegsdeutschen, besonders aber das der armen Leute belastete.

Seine Mutter brachte sich und den Buben mit Putzen und Waschen durch, hielt Herrschaftswohnungen sauber. Eine Tätigkeit, die zu allen Zeiten nicht gut honoriert wird. Als Hansl ein Kind war, gab es für die Arbeit zunächst wertlose Inflationslappen, später Pfennigbeträge. Mutter und Sohn mussten sich deshalb mit einer Wohnung bescheiden, die aus zwei sonnenlosen Löchern bestand.

„I mog net zu der Losterwester", jammerte Hansl, wenn die Mutter ihn am Morgen bei den Nonnen vom Vinzentinum ablieferte, um ihrem Tagwerk nachgehen zu können. Hansl war ein ruhiges, aufmerksames Kind, das kaum einmal unangenehm auffiel und deshalb den pädagogischen Methoden seiner Zeit nicht ganz so ausgesetzt war wie lebhaftere Naturen. Manche Lehrer lobten ihn sogar und empfahlen, den begabten Jungen auf eine höhere Schule zu schicken. Wo aber hätte die Mutter das Geld dafür hernehmen sollen! Und so wurde Hansl Dreher.

Als die Lehrjahre im „Zuchthaus", wie er seine Ausbildungsstätte zu bezeichnen pflegte, ausgestanden waren, versuchte er in Abend- und Fernkursen jene Bildung nachzuholen, die ihm versagt geblieben war.

Wenn noch Zeit blieb, ging er in die Jahnturnhalle oder betrieb im Freien Sport, tanzte auf dem „Schachterleis", einer Kunsteisanlage, in der Unsöldstraße, brachte sich das Akkordeonspielen bei. Der Verzicht auf Alkohol und Zigaretten fiel leicht,

Hans Wandinger (1919 - 1943) mit vier Jahren.

deshalb blieb vom spärlichen Lohn so viel übrig, damit Hansl sich geschmackvoll und dezent kleiden konnte. Kaum einer hätte dem eleganten, mit natürlicher Grazie sich bewegenden jungen Mann zugetraut, dass er seine Tage an der Drehbank verbringt.

Hansl war verträglich, Mutter und Sohn harmonierten. Es störte die Mutter nur, wenn sie in enger Stube beisammen saßen, in Lektüre vertieft, aber der Sohn dabei Radio hören musste. Diese lästige „Tanzmusi" mit ihren eintönigen und primitiven Wiederholungen störte sie. Als sie noch jung war, sang und musizierte man selber. Und da gab es noch eine Reibfläche: Während Mutter vom Führer und Reichskanzler begeistert war, hielt Hansl nicht viel von der neuen Bewegung. Deshalb drückte er sich, wenn immer es möglich war, vor den Pflichtappellen der Hitlerjugend. Als ihm die Allgemeine Wehrpflicht den Dienst mit der Waffe näher kennen

Das „Schachterleis" in der Unsöldstraße - ein beliebter Treff.

lernen ließ, war ihm diese Menschendressur sehr zuwider, und das „Ehrenkleid der Nation" hängte er in die hinterste Schrankecke, sobald er vom Dienst befreit war. Seine Abneigung gegen alles Militärische bewahrte ihn jedoch nicht davor, gleich dabei sein zu müssen, als ein Weltkrieg entfesselt wurde. Nach heil überstandenem Westfeldzug verbrachte Hansl glückliche Wochen als Besatzer in Belgien. Cécile, eine hübsche „Feindin", hatte offenbar Gefallen an einem sympathischen „Feind" gefunden.

Hansl war längst an die Ostfront verlegt, da schrieben sich die beiden immer noch Liebesbriefe.

Als 1943 im Osten die „strategischen Frontbegradigungen" in panische Flucht ausarteten, kam aus der Gegend von Orel der letzte Feldpostbrief.

Mutter und Cécile hofften noch lange auf verlorene Post, auf Informationsdefizite, auf Schweigelager in der Sowjetunion. Die Mutter malte sich manchmal aus, wie es sein würde, wenn ihr vermisster Sohn plötzlich vor der Tür stünde und sie umarmte. Immer wieder kam Zuversicht auf, wenn Verschollene heimkehrten und Totgesagte lebten.

Hansl aber blieb verschwunden. Er kehrte nicht ins Lehel zurück, das er mit zweiundzwanzig Jahren zuletzt gesehen hatte.

Hans Wandinger im bevorzugten Zivil - Mai 1940.

123

Unterhaltungs- und Bildungskünstler

KARL VALENTIN

Er wurde zwar auf der rechten Isarseite geboren, blieb aber lebenslang ein Linksdenker. Sein Vater, ein kleiner Spediteur, konnte dem Sohn keine Reichtümer auf den Weg mitgeben. Dem war freilich auch nicht danach, bürgerlichen Wohlstand zu begründen, schon früh zog es den Spaßmacher zur Kleinkunst hin. Aber Komiker gab es im München der Jahrhundertwende gar viele, die Konkurrenz war groß.

Im Gegensatz zu den üblichen Possenreißern verkörperte der Spaßmacher einen skurrilen Humor, der tiefer schürfte und deshalb nicht von allen verstanden wurde. Von jenem Fluss, mit dessen Wasser man ihn getauft hatte, wusste er etwa Folgendes zu berichten: „Heute Nachmittag drei Uhr sind genau achthundert Jahre verflossen seit Bestehen unserer Isar. Das Isarbett selbst wurde erbaut vom Herzog Jakob dem Wässrigen …"

Karl Valentin - ein Brunnen für den Künstler am Viktualienmarkt.

Grabstein auf dem Planegger Friedhof.

Die Isar zog den Spaßmacher magisch an, auch wenn er sich von ihr entfernen wollte, um andernorts sein Glück zu suchen. Als er nach Irrfahrten heimkehrte, blieb er am linken Isarufer haften, was seiner Denkweise entsprach. Man schrieb das Jahr 1909, als der Mann mit den absonderlichen Späßen in der Kanalstraße einzog und Leheler wurde. In der Pfarrkirche Sankt Anna schritt er vor den Traualtar, wenn auch sein eigentliches Zuhause die Bühne war und nicht so sehr die bürgerliche Familienidylle: Es war viel gemütlicher den Spaßmacher zu erleben, als mit ihm zu leben. In den 30er Jahren hatten zunehmende Popularität und wachsender Wohlstand es möglich gemacht, dass der Spaßmacher ein paar Meter näher an die Isar heranrückte: Am Mariannenplatz bezog er ein nobleres Quartier als jenes, das er bis dahin in der Kanalstraße bewohnt hatte.

Nehmen wir einmal an, der Spaßmacher hätte am Kai die Enten beobachtet, wie sie auch tagsüber den Kopf unter einen Flügel steckten und träumten. Einer wie er fragt sich dann schon, ob ein Mensch, der träumt, eine Ente zu sein, auch wie eine Ente empfindet. Der „Ententraum" ist eine jener vielen populären Szenen, die Karl Valentin in seinen sechsundzwanzig Leheljahren geglückt sind. Was damals entstand, ist heute noch jung. Einen zwingenderen Qualitätsbeweis kann es nicht geben.

SCHAUBUDE

„Es gibt in München bereits wieder eine verhältnismäßig große Anzahl von Kabaretts oder Ähnlichem", schrieb Konrad Michel am 20. Juni 1946 im „German Investigator". Von den Münchner Kleinkünstlern der Nachkriegszeit hatte er zwar keine hohe Meinung, aber die „Schaubude" in der Reitmorstraße hob er in seinem Bericht hervor. Ihm imponierte vor allem die literarische Qualität der Textbeiträge, was nicht verwundert: Helmut M. Backhaus, Axel von Ambesser, Erich Kästner und Edmund Nick gehörten zu den Hausautoren. Auch von den Darstellern und dem Publikum war der Be-

satzungsaufpasser sehr angetan. Hier hat Ursula Herking zum ersten Mal ihr berühmtes „Marschlied 1945" vorgetragen. Auch die Schriftstellerin Dagmar Nick, 2005 mit dem Ernst-Hoferichter-Preis und 2006 mit dem Bayerischen Verdienstorden ausgezeichnet, war damals in der Schaubude dabei.

Die Begeisterung kühlte ab, als ein Jahr später der Kalte Krieg ausbrach. Die Besatzungsmacht war sehr empfindlich geworden, wenn man sie und ihre Politik ein wenig auf die Schippe nahm. Am 3. März 1947 geht Hans Lynd, „Team Chief" der US-Kulturüberwachung mit der „Schaubude" hart ins Gericht. Er unterstellt den Autoren und Akteuren nicht nur schlechten Geschmack und Missbrauch der Redefreiheit, in seinem Bericht wirft er „einigen Intellektuellen" auch „morbide Geisteshaltung" und einen „hohen Grad von Impertinenz und Dummheit" vor.

Die Militärregierung vermied es jedoch, die Lehel-Lästerer mit Zensuren und Verboten zu traktieren, man wollte keine Märtyrer und möglichst wenig Aufsehen. Die Amerikaner bevorzugten den sanften Weg, indem sie das Gespräch mit Produzenten und Autoren suchten.

Weniger zartfühlend sprang bajuwarisches Fußvolk mit der „Schaubude" um. Nachdem die Kabarettisten Jakob Fischbacher, den Preußenfresser der Bayernpartei, zur Zielscheibe ihres Spotts gemacht hatten, verschaffte sich eine gequälte Volksseele mit Kuhglocken und Stinkbomben im Vorstadttheater Luft. Künftig nahm auch manche Persönlichkeit des öffentlichen Lebens Anstoß an den satirischen Spitzen der „Nestbeschmutzer" von der Reitmorstraße.

Was Publikum und Kritikern verwehrt geblieben war, schaffte das neue Geld; es brachte die Leheler Lästerzungen zum schweigen. Vor der Währungsreform erfreuten sich die Kleinkunstbühnen noch eines regen Zulaufs, für wertlose Reichsmark hatte man wenigstens kurzzeitig eine warme „Schaubude". Als dann die D-Mark eingeführt worden war, galt es damit zunächst Wichtigeres zu finanzieren als ein literarisches Vorstadtbrettl. Die „Schaubu-

de" musste schließen, und ihr letzter Prinzipal hatte 18.000 D-Mark Schulden. Für diesen Betrag konnte man damals ein Einfamilienhaus in der Münchner Gegend kaufen.

KLEINE KOMÖDIE

Zum Boulevard gehört ein entsprechendes Theater. Als das Forum der Maximilianstraße angelegt wurde, dachte freilich niemand daran, es mit einem Boulevardtheater zu bereichern. Ein Hoftheater für die hohe Kunst und das Vorstadtbrettl fürs Volk genügte damals den Ansprüchen.

Die Kleine Komödie wurde gegründet, als es wenig Grund zum Lachen gab. Ein Krieg war verloren, München lag in Trümmern, dem Publikum ging es vorwiegend schlecht. Aber Notzeiten sind den Unterhaltungskünsten manchmal förderlich. Wer wollte da nicht gelegentlich dem grauen Alltag entfliehen! Für ein paar Stunden nur.

Gerhard Metzner, ein unternehmungslustiger Theaterwissenschaftler, hatte die Nachkriegsverhältnisse richtig eingeschätzt, als er den Gartensaal eines Cafés in ein Theater umwandelte. Für 270 Besucher war zunächst einmal Platz geschaffen in einem Zuschauerraum, der sich allabendlich füllte. Denn schnell eroberte sich die Kleine Komödie ein Stammpublikum, weil hochkarätige Unterhaltung geboten wurde. Zum knurrenden Magen und zur mangelhaften Heizung.

Mit der Währungsreform 1948 kam die Krise, der viele Privattheater zum Opfer fielen. Die neue D-Mark war oft zu kostbar, als dass man sie für Theaterkarten „verschwendet" hätte. War vorher noch das Publikum herbei geströmt, so tröpfelte es jetzt nur noch in die Kassen. Jeden Abend wurde der Kasseninhalt zu gleichen Teilen an die Bühnenschaffenden ausgezahlt, weil der Beifall allein auf Dauer ein schlechter Ernährer ist. Als man sich am 9. Juli 1948 in die Theaterferien verabschiedete, wusste niemand, ob der Spielbetrieb noch einmal aufgenommen würde. Doch die Befürchtungen erwiesen sich als unbegründet: Nach der Wiedereröffnung füllte sich jeden Abend der Zuschauerraum. In der Saison 1948/49 hatte die Kleine Komödie mehr Besucher als in Reichsmarkzeiten, damals wohl eine seltene Ausnahme unter den Theatern. Voraussetzung für diesen Erfolg war ein Konzept, das immer einen prominenten Publikumsmagneten in den Mittelpunkt der Inszenierungen stellte: Trude Hesterberg, Bum Krüger, Heidemarie Hatheyer, Ilse Werner, Liesl Karlstadt, Ursula Herking, Charles Regnier, Wastl Witt, Luise Ullrich, Paul Dahlke, Kurt

Unterhaltung auf beachtlichem Niveau.

Meisel, Käthe Dorsch und Heinz Rühmann agierten auf der kleinen Bühne beim Max II.-Denkmal. Auch heute ist sich kein Bühnenstar zu schade, um im Lehel aufzutreten und mit gehobener Unterhaltung das Publikum zu erfreuen.

Traditionell stehen Komödien auf dem Spielplan, manchmal müssen sie oft wiederholt werden, um den Publikumswünschen zu entsprechen und die Nachfrage zu befriedigen.

SCHRIFTSTELLER IM LEHEL

Als Ludwig Ganghofer 1894 seinen Wohnsitz in der Steinsdorfstraße 10 nahm, zog er in eine noble Gegend. Sechs Jahre davor hatten dort bereits illuminierte Fontänen für die Deutsch-Nationale-Kunstgewerbeausstellung Stimmung gemacht. Und eben war man dabei, auf der ehemaligen Floßlände die Lukaskirche zu errichten. Betrieb war eigentlich ge-

nug im Umfeld des beliebten Volksschriftstellers, den sogar der deutsche Kaiser Wilhelm II. sehr schätzte. Was mag nun den volkstümlichen Ganghofer in der umtriebig werdenden Vorstadt zu seinen Alpenidyllen inspiriert haben? Wann kommt im Lehel schon ein „Klosterjäger", ein „Edelweißkönig" oder gar ein „Waldrausch" vorbei?

Die Stücke, in denen Frank Wedekind um 1900 Zeitgeist und Doppelmoral verspottete, sorgten in aufgewühlten Bürgerseelen für Aufregung und Entrüstung. Er ließ den „Erdgeist" aus der Flasche, ließ eine unsittliche „Lulu" Unbequemes deklamieren und öffnete „Die Büchse der Pandora". So etwas erregt Ärgernis und beunruhigt, wo Ruhe erste Bürgerpflicht ist. Aber die Welt dreht sich weiter, und die Mitwelt geht zur Tagesordnung über, ohne dass sie sich groß ändern würde. Immerhin brachten ihm seine Stücke so viel ein, dass er seinen Lebensabend in einer Vorzugsgegend beschlie-

Festlich beleuchtete Isarpromenade zu Ehren der Deutsch-Nationalen Kunstausstellung 1888.

ZUM ANDENKEN AN
LION FEUCHTWANGER
✳7·7·1884 IN MUENCHEN
✝21·12·1958 IN LOS ANGELES
DER SCHRIFTSTELLER UND
LITERATURPREISTRÄGER
DER LANDESHAUPTSTADT
MUENCHEN VERLEBTE
SEINE KINDHEIT VOM
28·5·1889· BIS 11·9·1900
IN DIESEM HAUSE

Gedenktafel am St. Anna-Platz 2.

ßen konnte. Von 1908 bis zu seinem Tod im Jahr 1918 wohnte er mit seiner Frau Tilly und seinen Töchtern Pamela und Kadidja in der Prinzregentenstraße 50, die seinerzeit noch keine Schneise für den motorisierten Verkehr war.

„Wer jetzt kein Haus hat, baut sich keines mehr" – Rainer Maria Rilke zieht zu seiner Freundin Hertha König in den dritten Stock der Widenmayerstraße 32. Dort kann er „lange Briefe schreiben" und „in Alleen" den Gedanken nachhängen, noch stört kaum ein Auto. Trotzdem ist es unruhig in der Welt, seit einem Jahr tobt der Erste Weltkrieg. Doch der Dichter blieb damals von unmittelbaren Feindeinwirkungen verschont. Er dachte, dichtete, erkannte den Wert eines Bildes von Pablo Picasso, das in einem der Räume seiner Gastgeberin hing. Unruhiger wurde es an der Isar erst, als sich München zur rechtsradikalen Hochburg entwickelte. Dann stellte man dem „Kommunisten" Rilke nach und vertrieb ihn 1919 in die Schweiz.

Lion Feuchtwanger, Spross einer angesehenen jüdischen Familie, durfte noch eine Weile bleiben. Als er von 1889 bis 1900 Jahre seiner Kindheit am Sankt-Anna-Platz 2 verbrachte, konnte er nicht ahnen, dass man ihn einmal aus seiner Vaterstadt vertreiben würde. Früh erkannte Feuchtwanger, wel-

ches Unheil mit dem aufkommenden Nationalsozialismus heraufziehen würde. Mit seinem Schlüsselroman „Erfolg" entlarvt er dessen Ungeist und die Verführbarkeit des Volkes. Doch Literatur und Wahrheit halten nichts auf, es kam, wie man weiß, wie es kommen musste. Der Verfasser des Romans stand längst auf deren Schwarzer Liste, als die Nazis 1933 die Macht ergriffen. Feuchtwanger, Literaturpreisträger der Stadt München 1956, verbrachte den Rest seines Lebens in Los Angeles, wo er 1958 starb.

Auch Fritz Rosenthal musste 1935 fliehen, um sich vor dem Naziterror in Sicherheit zu bringen. Als Shalom Ben-Chorin fand er im Staat Israel eine neue Heimat. In seinem Buch „Eine Jugend an der Isar", wo der geborene Leheler im Haus an der Oettingenstraße 23 aufgewachsen war, schildert er Episoden aus dieser Zeit.

Um den Leheler Schriftsteller Georg Britting etablierte sich Anfang der 30er Jahre des vergangenen Jahrhunderts im Lokal „Schönfeldstube" ein Freundeskreis, zu dem der Maler Max Unold, der Verleger Carl Hanser, der Journalist Curt Hohoff u.a. gehörten. In der Nachbarschaft dieses Autors am Sankt-Anna-Platz wohnte lange Zeit auch der Religionsphilosoph und Direktor der Münchner Stadtbibliothek Hans Ludwig Held.

An der Widenmayerstraße 45 ging es in den ersten Nachkriegsjahren noch einigermaßen ruhig zu, die Motorisierung hielt sich in bescheidenen Grenzen. Hier konnte Wolfgang Koeppen in aller Ruhe „Tauben im Gras" beobachten und seine gefeierten Romane verfassen. Später warteten die Literaturwelt und der Verleger Siegfried Unseld auf ein großes Spätwerk des Schriftstellers. Leider vergebens. Vielleicht hat ihn der zunehmende Verkehrslärm am Schreiben gehindert?

Siegfried Sommer – geboren und aufgewachsen in Giesing – wohnte die längste Zeit seines Lebens in der Wurzerstraße, und die hatte zum Lehel gehört, ehe sie der Altstadtring Nord abtrennte. Die weniger milden Abende im Jahr, die zahlreicheren also, verbrachte er in seinem „Wohnzimmer": Das „Klösterl" in der Sankt-Anna-Straße erfreute sich zusätzlicher Gäste, nachdem es sich herumgesprochen hatte, dass der „Spaziergänger" dort den Dämmerschoppen einnahm. In der wärmeren Jahreszeit, wenn Freiluftbier lockte, wurde er dem Lehel untreu und hielt woanders Hof: Im Augustinergarten an der Arnulfstraße. Seine wöchentlichen „Spaziergänge" in der Münchner Abendzeitung hatten ihn ziemlich populär gemacht. So sehr jedenfalls, dass sich selbst Prominenz an den wärmenden Strahlen seiner Beliebtheit sonnen wollte. Auch wenn es unter Kastanien am runden Tisch kühl war, nachdem wieder einmal diverse Nordmeertiefs die Münchner im Hochsommer aufgefrischt hatten.

Später, als der Spaziergänger in die Jahre und ein wenig aus der Mode gekommen war, erschien das einstmals so begeistert sich gezeigte Publikum seltener beim Empfang und blieb schließlich ganz aus. Nun sah man den Spaziergänger des Öfteren durchs Lehel in den Englischen Garten radeln, die gewohnte Ledermütze auf dem Kopf, einen freundlichen Gruß parat – und ziemlich allein. Seine Mini-Wohnung in der Wurzerstraße war ihm groß genug, materielles Übermaß waren ihm zuwider, sein Bett war im lieber als eine Suite im Nobelhotel. Nun ruht sich der Sigi Sommer schon eine Weile auf dem Neuhauser Friedhof vom Spaziergengehen und vom Schreiben aus. In der Nachbarschaft seines Freundes Fritz Betzwieser, dem gescheiten und hilfsbereiten Pfarrer von Herz Jesu. Aber viele Münchner tragen ihren Blasius immer noch im Herzen, hat er ihnen doch aus der Seele gesprochen. Öfter, eindringlicher und nachhaltiger als mancher berühmte Literat.

DEM WILLI SEIN POET

Sobald in einer Ballade „der Willi derschlag'n" wird, weil er mutig seine Meinung vertreten hat, hört man hin. Schlägt ein Poet solche Töne an, dann spitzen auch jene ihre Ohren, die des Bairischen nicht mächtig sind. Da hat der Poet also Empfindungen und Einsichten transportiert, die nicht an den Dialekt gebunden sind und allgemein begriffen werden. Als Konstantin Wecker 1947 im Lehel geboren wurde,

gab es den Eher-Verlag um die Ecke schon lange nicht mehr. Dieser hatte die Produktion von „Mein Kampf" längst einstellen müssen. Und auch ein gewisser Untermieter Adolf Hitler war längst von der nahen Thierschstraße in noblere Gegenden abgewandert, aufgestiegen und tief gefallen. Blieben also noch das sittsame, gut bürgerliche Ambiente des Mariannenplatzes und der fromme Einfluss von Sankt Lukas. Es ist aber kaum vorstellbar, dass der Poet von diesem Umfeld zu dem inspiriert wurde, was ihm später gelingt, mit dem er ein großes Publikum begeistert und gelegentlich zum Nachdenken bringt.

**Der Spaziergänger Sigi Sommer –
Skulptur in der Innenstadt.**

Saniertes Lehel

PLANUNGEN

Nachdem das „Wirtschaftswunder" die Liebe zum Auto finanzierbar gemacht hatte, standen die Städteplaner vor der Frage: Wohin mit dem rollenden und ruhenden Verkehr? In Amerika schien man eine praktikable Lösung gefunden zu haben – die autogerechte Stadt. Über- und Unterführungen sollten für den kreuzungsfreien Verkehrsfluss sorgen, mehrspurige Schnellstraßen dem wachsenden Individualverkehr flotte Wege bereiten. Vor allem aber galt es, Versäumtes nachzuholen. Als gegen Ende des 18. Jahrhunderts die Stadtmauer fiel, war bereits ein Ring um die Altstadt vorgesehen. Der gelangte aber nur vom Sendlinger-Tor-Platz bis zur Brienner Straße, das östliche Stadtumfeld blieb von ihm zunächst verschont.

In den Sechziger Jahren bedrängten sich nicht nur immer mehr Autos auf enger Fläche, es drängte auch ein Termin. Schließlich hatte man München zum Austragungsort der Olympischen Spiele 1972 auserkoren. So etwas verpflichtet, viel Verkehr aus aller Welt war zu bewältigen. Das vorgesehene S- und U-Bahnnetz reichte nicht aus, um Besucher und Einheimische zu befördern, den vielen Personen- und Lastkraftwagen musste zusätzlicher Raum erschlossen werden. Als Ersatz für das verlorene Terrain in der Innenstadt, wo eine Fußgängerzone im Entstehen war.

München wollte sich nicht nur mit einem Ring bescheiden wie das Wiener Vorbild, es waren deren sechs(!) im Stadtentwicklungsplan von 1963

Der Tunnel unter dem Prinz-Carl-Palais war sehr umstritten.

vorgesehen. Diese Stadtautobahnen hätten konzentrisch die Innenstadt umschließen sollen, wobei der innerste Ring den Verkehr von fünfzehn(!) Autobahnen und Bundesstraßen hätte bündeln müssen. Und wenn Paris fähig war, seine Seine-Anlagen zu opfern, so wollte München nicht zurückstehen. Links und rechts der Isar waren Schnellpassagen geplant, um den Nord-Südkonflikt des Münchner Durchgangsverkehrs zu lösen.

Als diese Absicht ruchbar geworden war, erhob sich Bürgerprotest. Zögerlich und moderat zunächst, denn Mitte der Sechziger Jahre war man im Protestieren noch ungeübt. Wer es seinerzeit wagte, offiziellen Vordenkern zu widersprechen, landete schnell in der linken, der subversiven Ecke. Der Angriff auf die Isaranlagen ließ jedoch diesbezügliche Bedenken vergessen. Deshalb formierten sich der „Münchner Bürgerrat", das „Bauforum" und die „Schutzgemeinschaft Isaranlagen". Ihr massiver Protest wendete zwar die abwegigsten Planungen ab, den Tunnel unterm Prinz-Carl-Palais, die Iffland-Unterführung und den Altstadtring verhinderte er nicht.

Nun rückten Abrissbirne, Bagger und Planierraupen an, um eine Schneise durchs westliche Lehel zu brechen. Ihnen fiel nicht nur kostbarer Wohnraum zum Opfer, auch auf gewachsene Siedlungsstrukturen und Denkmal geschützte Bauten nahmen die Straßenbauer wenig Rücksicht. Beim Maximilian-Forum zerstörte der Altstadtring die architektonische Geschlossenheit und Harmonie eines Ensembles, wie man es selten vorgefunden hatte.

Manchen „Experten" war das gerade recht. Hielten sie doch den Maximilianstil ohnehin für Kitsch, den es zu beseitigen galt. Und weil eine breite Ringstraße von Fußgängern nur unterirdisch zu passieren ist, beeinträchtigt jetzt eine Fußgängerunterführung den Boulevard-Charakter der Anlage.

DER „ARNO"

Jetzt ist das Lehel wieder von der Altstadt getrennt. Nicht mehr durch Mauern zwar, aber ebenso wir-

Der „ARNO" trennt das Lehel von der Altstadt wie einst die Stadtmauer.

kungsvoll: durch den „Arno", jenem griffigen Kürzel für „Altstadtring Nord". Was vorher verflochten war, ist jetzt abgeschnitten: Wurzerstraße und Herzog-Rudolf-Straße, einstige Bestandteile des Lehels, sind nun Randerscheinungen.

Der „Arno" hat dem Lehel nicht nur Lärm und Abgase beschert, seine Verkehrsverbindung weckte auch allerlei Begehrlichkeiten. Vor allem, nachdem 1965 eine Stadtratsmehrheit das Lehel zum „Kerngebiet" erklärt hatte. Die künftige Nutzung als Gewerbegebiet ließ hohe Gewinne erwarten, Spekulanten trieben Grundstückspreise und Mieten in die Höhe. Schon damals konnte sich mancher angestammte Leheler sein Heimatviertel nicht mehr leisten und wanderte ab.

Inzwischen hat ein Bewusstseinswandel Wiedergutmachungsabsichten reifen lassen. Der Franz-Josef-Strauß-Ring ist von stattlichen einundvierzig Metern Breite auf fünfzehn Meter geschrumpft. Der Hofgarten, der Finanzgarten und der Englische Garten rücken wieder näher zusammen.

Für solche Verschönerungsmaßnahmen hatte der Rechnungshof wenig Verständnis, er rügte die Umbau- und Rückbaukosten. Die Kosten für den „Arno" hat er wohl kaum gerügt.

LUISE – ERINNERUNGEN

Versonnen schaut Luise übers Land. Weit reicht ihr Blick, an klaren Tagen sieht sie die Alpen. Wären nicht diese Wohntürme, man könnte von einem Alterssitz mit prächtiger Aussicht sprechen.

Wenn Luise früher durchs Fenster ihrer Wohnküche blickte, sah sie einen grauen Hinterhof, in dem eine falsche Akazie ihr mühsames Dasein fristete. Selten verirrte sich ein Sonnenstrahl in diese Wohnung. Jetzt hat Luise zwar nur einen Raum, aber der ist von Licht durchflutet. Sie muss auch keine Kohlen und kein Heizöl mehr schleppen, und der Lift bringt sie bequem in den siebenten Stock. Wenn Luise früher baden wollte, musste sie das Wasser auf dem Ofen erst heiß machen und die Zinkbadewanne vom Speicher holen. Jetzt dreht sie nur noch den Warmwasserhahn auf.

Trotzdem wandern die Gedanken zurück ins Lehel. In jene Räume, die Jahrzehnte lang ihr Zuhause waren. Wie freute sich einst das junge Paar, als eine Wohnung überraschend frei geworden war! Zimmer, die ihr heute dunkel und eng vorkämen, fand Luise damals hell und geräumig. Und Erinnerungen flüstern: Damals war ich glücklich – trotz aller Einschränkungen und Mängel. In der alten Wohnung wuchsen die Kinder auf, sie war Schauplatz von gelösten Aufgaben und von Freuden.

Aus dem gemeinsamen Lebensabend wurde dann nichts, weil Hermann bereits verstorben war. In kleinen Räumen, in denen oft drangvolle Enge geherrscht hatte, war es nun leer.

Zu dieser Zeit kam Bewegung ist Lehel. Die Wiederaufbauphase war so ziemlich abgeschlossen, steigender Wohlstand hatte für gehobene Ansprü-

Bürgerliche Wohnküche um 1910.

Vorstadtsonntag im Mai 1914.

Kinderbett und Kachelofen.

che gesorgt. Als 1965 eine Stadtratsmehrheit das Lehel zum „Kerngebiet" erklärt hatte, wusste Luise nicht, dass damit die Umwandlung einer alten Wohngegend in eine Gewerbezone gemeint war. Den Kahlschlag des Altstadtrings konnte jedoch keiner übersehen, und man wusste, dass dort über 800 Wohnungen dem Verkehr zum Opfer gefallen waren. Und Luise musste erfahren, dass ein bekanntes Gesicht nach dem anderen aus ihrem Umfeld verschwand. Später wird sie wissen, dass zwischen 1961 und 1970 ein Fünftel der angestammten Lehelbevölkerung abgewandert war. Über Immobilienwerte hatten sie sich früher keine großen Gedanken gemacht. Der Hauswirt, ein angesehener Geschäftsmann, hielt das Gebäude instand und kassierte dafür eine erschwingliche Miete. Nachdem aber dieser Mann gestorben war, verkauften die Erben das Haus, worauf es mehrfach den Besitzer wechselte.

Anfangs fielen sie kaum auf, aber bald wurden die fremd anmutenden Mitbewohner immer mehr, ungewohnte Laute und Gerüche verbreiteten sich im Haus. Bald zog es im Treppenhaus, zerbrochene Fenster wurden kaum noch repariert, das Dach war undicht geworden. An den Hauswirt, der um

die Ecke gewohnt hatte, konnte Luise sich nun nicht mehr wenden. Eine entfernte Hausverwaltung legte ihr lediglich nahe, dass sie ausziehen könne, wenn ihr die Verhältnisse nicht mehr behagten. Und die Miete wurde erhöht, so sehr, dass Luise sich ziemlich einschränken musste, wenn sie in ihrer gewohnten Umgebung bleiben wollte. Hilflosigkeit und Erbitterung machten sich im Lehel breit.

Zu Beginn der Siebziger Jahre des vergangenen Jahrhunderts erhob sich allgemeiner Protest. Nun war viel zu hören und zu lesen vom „Spekulantentum" und von „Mietervertreibungen". Luise tat, was ihr früher nie in den Sinn gekommen wäre: sie besuchte Bürgerversammlungen und Protestveranstaltungen. Da war viel Beunruhigendes zu vernehmen aber auch manches, was zuversichtlich stimmte. Hohe Herren kamen zu den Versammlungen und versprachen Hilfe und Unterstützung. Und wenn der Herr Oberbürgermeister in der Presse verkündete, er wolle „mit den Betroffenen im Lehel nach einer menschlichen, einer vernünftigen Lösung suchen", dann musste man doch darauf vertrauen können. Was wusste Luise schon von Boden- und Mietrechten und den Zwängen, denen eine Stadtregierung in der freien Marktwirtschaft ausgesetzt ist! Sie hatte auch nur eine vage Vorstellung von dem, was unter der viel diskutierten „Öffentlichen Planung" zu verstehen war. Sie spürte nur, dass sie das Architekten- und Politiker-Chinesisch mehr verwirrte als informierte. Und dann gerieten sich auch noch die Gruppen und Grüppchen der Widerständler in die Haare. Luise wusste nicht mehr, wem sie glauben sollte. Ihr einfaches und gradliniges Wesen fühlte sich abgestoßen von den Rechthabereien und Profilierungssüchten, welche die Bürgerversammlungen nun dominierten. Man verurteilte zwar alle negativen Auswirkungen einer freien Marktwirtschaft, auf ihre Vorteile wollte jedoch kaum einer verzichten.

Deshalb zogen sich Luise und viele, sie so dachten und empfanden wie sie, vom Protest zurück

Als dann die „Entmieter" kamen, stießen sie oft nur auf schwachen Widerstand. Resignation und Schicksalsergebenheit hatten viele Altbaumieter erfasst: Sollten die doch ihre Luxusappartements für zahlungskräftige Käufer bauen. Nun sitzt Luise inmitten einer fremden Trabantenstadt. In einer mit allen Errungenschaften des Fortschritts ausgestatteten Einzimmerklause wartet man eben. Bis der Tag vergeht.

DURCHGANGSVERKEHR UND PARKEN

Auch eine Vorzugswohngegend hat ihre Schattenseiten. Deshalb beherrscht seit Jahr und Tag ein Thema die Bürgerversammlungen: Das Lehel und seine Verkehrsprobleme – die einstigen Prachtstraßen sind Krachstraßen geworden, auf denen sich rund um die Uhr eine Blechlawine durch die Vorstadt wälzt. Tausende von Kraftfahrzeugen passieren täglich das Lehel, jedes von ihnen schleppt eine Wolke aus Staub, Lärm und Abgasen hinter sich her. War früher das Lehel vom Hochwasser bedroht, so könnte man heute meinen, es würde in einer Autoflut untergehen.

Die großen Schneisen in Ost-Westrichtung – Maximilianstraße und Prinzregentenstraßen – eröffnen zwar dem Verkehr Möglichkeiten, in breiter Front

Vor dem Iffland-Tunnel staut sich der Verkehr.

anzurücken, aber sie sind vorwiegend gesäumt von öffentlichen Gebäuden, in denen (wenigstens offiziell) keiner schläft. Ministerien und Museen schirmen auch Wohngegenden vom Lärm ab, an ihren Rückseiten ist es erstaunlich ruhig. Die ehrwürdigen Herrschaftshäuser in der Widenmayer- und in der Steinsdorfstraße sind jedoch dem Durchgangsverkehr schutzlos preisgegeben. Die noblen Gemächer werden deshalb vielfach anders genutzt: Dienstleistungsgewerbe ist eingezogen. Man arbeitet hinter Schallschutzfenstern, sonst wäre es da drinnen nicht auszuhalten.

Arg sucht der Verkehr auch die Anwohner der Emil-Riedel-Straße, der Oettingenstraße und der Sternstraße heim. Was sich in Richtung Süden bewegt, donnert an den Fassaden dieser Wohngegend vorbei. Auch die besten Schallschlucker können wahrscheinlich Erschütterungen nicht dämpfen, die der Schwerlastverkehr verursacht. Seit langem beschweren sich die Bewohner, aber der

Widenmayerstraße und Isaranlagen 1911.

Die Jahn-Turnhalle vor ihrer Zerstörung durch Bomben im Zweiten Weltkrieg.

Verkehr hat sich dadurch nicht verringert. Angesichts solcher Lärmbelästigungen nimmt sich das Rattern der Straßenbahn noch erträglich aus.

Der Verkehr macht bekanntlich nicht nur Ärger, wenn er rollt, auch im ruhenden Zustand hat man mit ihm seine liebe Not. Besonders in einem Viertel, wo täglich Tausende einpendeln, um in Kanzleien, Ministerien und Praxen den Lebensunterhalt zu verdienen. Zudem gibt es unter den Verkehrsbelasteten und -belästigten gar viele, die auf ihr Auto nicht verzichten können und wollen. Auf diesem Feld scheiden sich dir Geister.

Mit einer Parklizensierung hat man in den 90er Jahren des letzten Jahrhunderts den Lehelbewohnern das Leben ein wenig leichter gemacht. Nun können sie oft in Wohnungsnähe ihr Auto abstellen, weil Fremdparkern der Zugang erschwert ist. Unterschiedlich bewertete Parkgründe verhindern, dass auch der geschickteste Rechtsanwalt gegen diese Parkregelung klagen kann.

Autoverkehr...

Blick auf die Widenmayerstraße. Im Hintergrund das Maximilianeum und die St. Johannes-Kirche in Haidhausen.

DIE U-BAHN

Bis 1988 hatte man sich fünfzehn Jahre lang wegen des U-Bahnbaus leidenschaftlich gestritten. Doch dann, als das Werk vollendet war und in Betrieb genommen werden konnte, verstummten Zwist und Protest.

Widerstand hatte sich formiert, als bekannt geworden war, dass die U-Bahnröhre die Pfarrkirche unterminieren sollte. Auch das Kloster und sein Rokokojuwel schienen bedroht. Man misstraute jenen, die da versicherten, dass ihr unterirdisches Wühlen die Fundamente nicht erschüttern würde und es deshalb keine irreparablen Schäden an den Kirchen verursachen könnte.

Der massive Lehelprotest erreichte immerhin, dass sich die U-Bahnbauer eines sehr aufwändigen Verfahrens bedienten. Um die Kirchen zu schonen, erstellten sie in bergmännischer Spritzbetonweise ein langes Tunnelstück. Dabei arbeiteten sie mit Hochdruck – nicht nur um Termine einzuhalten: Viel Druckluft im Stollen verhinderte, dass sich die Kirchenfundamente senkten.

Lang und vehement war die Standortdiskussion bezüglich der U-Bahnhaltestelle. Der Sankt-Anna-Platz schien dafür ungeeignet zu sein. Die Prinzregentenstraße, aber auch die Liebigstraße waren als U-Bahnhof im Gespräch, ehe sich der Standort an der Sankt-Anna-Straße als der günstigste durchsetzte. Dann freute man sich, dass die Linien U 4 und U 5 ihre Aufgabe übernehmen konnten und die Innenstadt vom Lehel aus in Minutenschnelle zu erreichen war.

RUHEZONEN

Es wäre ungerecht zu behaupten, die neue Zeit produziere nur wenig Erbauliches. Wer heute vom Isartor bis zur Tivolistraße das Lehel durchquert, gelassen und mit offenen Augen, der entdeckt auch manch Erfreuliches. Wer danach sucht, findet Beweise für einen Bewusstseinswandel der sich allmählich verdeutlicht: Die Naturzerstörung hat sensibilisiert, Grün ist „in". Wer der entschwundenen Idylle des alten Lehels nachtrauert, sollte sich an weniger pittoreske Hinterhöfe erinnern. Mögen auch solide Meisterwerkstätten und einige Spitzwegszenen mit ihnen verschwunden sein. Es ist jedoch viel Gerümpel beseitigt, Rattenlöcher und Wanzenburgen gehören der Lehel-Vergangenheit an. Wo einst der Grauton dominierte, blüht und grünt es. Im Lärmschutz der Gebäude sind Ruhezonen entstanden, in die auch zu den Stoßzeiten weniger Verkehrsbelästigung dringt als in manchem Kurort.

Einst führte ein kleiner Durchlass in den finsteren Innenhof. In den Rückgebäuden war die Wohnquali-

Grün auf den Leheler Balkonen 1993.

Wasser- und Kinderspiele.

tät so mangelhaft, dass die Gegend als minderwertig und krank machend verschrien war. Vieles hat sich zum Besseren gewandelt. Inzwischen wurden die alten Mauern saniert, größere Fenster und geräumigere Wohneinheiten lassen Licht, Luft und Sonne ins damalige Armenquartier. Wo früher unansehnliche Schuppen und windschiefe Verschläge den Blick verstellten, blühen nun Bäume und Sträucher, und kleine Kinderspielplätze sorgen für eine freundliche Atmosphäre.

Im Bereich der modernen Architektur gibt es auch im Lehel erfreuliche Beispiele. Der ursprüngliche Sitz der Firma Wacker ist inzwischen in einen Gebäudekomplex umgewandelt, in dem viele Menschen wohnen. In beispielhafter Weise, wie Experten betonen. Der Innenhof ist begrünt, ein kleiner Teilbereich des Eisbachs ist freigelegt, ehe dieser wieder unter der Prinzregentenstraße verschwindet. Wenn erst das Postgebäude renoviert ist und dort die Bauarbeiten abgeschlossen sind, werden Ruhe und Beschaulichkeit einkehren.

Im Wackerbau ist ein Stück Eisbach freigelegt

**Lehel-Garten
um 1910.**

**Ruhiger
Innenhof im
Knöbelblock
2006.**

Auch die Bayerischer Versicherungskammer, wichtiger Arbeitgeber im Lehel, wird demnächst einen beträchtlichen Teil ihrer gewerblich genutzten Räume in Wohnungen umwandeln. Dann löst sich der massive Block auf, im „Lehel-Karree" werden Durchgänge, Innenhöfe, öffentliche Räume, Läden und gastronomische Einrichtungen entstehen. Die Innenhöfe werden mit Grünflächen und Sitzgelegenheiten nach Feng Shui Kriterien gestaltet und wollen so zum „Fluss der guten Gedanken" beitragen.

Wo einst viel altes Lehel mit dürftiger Bausubstanz und bescheidenem Wohnwert zu finden war, gibt es heute zwischen der Mannhardtstraße und dem Altstadtring den Knöbelblock. Vom Knöbelblock kann man relativ leicht zu Fuß das Münchner Stadtzentrum erreichen, auf einem ruhigen, stimmungsvollen Weg, der schon immer von der Isar zum Rathaus geführt hat. Weil sich nun das Gewerbe zunehmend aus der Vorstadt zurückzieht, wird die Wohnbevölkerung künftig zunehmen. Günstige

Voraussetzungen für den Einzelhandel, der dadurch Abnehmer findet und die Grundversorgung gewährleistet.

Auf diese Weise wird im Lehel eine Mischstruktur gefördert, die es in Trabanten- und Schlafstädten längst nicht mehr gibt. Auf kurzen Wegen ist zu erreichen, was der Daseinsbewältigung dient. Eine besondere Attraktion ist auch der Bauernmarkt, der jeden Donnerstag auf dem Sankt-Anna-Platz stattfindet und die Bezeichnung „Millionendorf" wieder aufleben lässt. Dort trifft man sich, nimmt sich vielleicht Zeit für einen Plausch und hat Gelegenheit, der großstädtischen Vereinsamung entgegen zu wirken. Wenn sich allerdings Einzelhandelsketten aus der Vorstadt zurückziehen, wie unlängst im nördlichen Lehel geschehen, kann das die Nahversorgung gefährden. Ein Missstand, der vor allem ältere Bewohner trifft. Dem Bezirksausschuss ist es zum Glück gelungen, Nachfolger zu finden, die Versorgungslücken schließen.

Sonntagnachmittag im Mai 1910.

Die Bayerische Versicherungskammer gehört zum Lehel...

WIRTSCHAFT UND GEWERBE

Eingeengt zwischen Isar, Altstadtring und Englischem Garten war das Lehel für Industrieansiedlungen ungeeignet. Es sei denn, man hätte dafür Wohngebiete abgerissen, was einmal geplant war, zum Glück aber nicht geschah. Und so etablierte sich ein Wirtschaftszweig, der sich mit den strukturellen Gegebenheiten besser vereinbaren ließ als Werk- und Montagehallen, es dominiert der Dienstleistungssektor. Bei privaten Berufen, etwa in Arzt- und Rechtsanwaltpraxen, gibt es Beschäftigungsmöglichkeiten, auch Behörden spielen als Arbeitgeber eine bedeutende Rolle: Im Wirtschaftsministerium an der Prinzregentenstraße, bei der Regierung von Oberbayern und im Landesvermessungsamt gibt es zu tun.

... und ist ein wichtiger Arbeitgeber.

Eine besondere Rolle als Arbeitgeber spielt traditionsgemäß die Bayerische Versicherungskammer. Seit 1896 ist sie im Lehel etabliert und auf dem Gelände des ehemaligen Hofbaustadels an der Gewürzmühlstraße hat sie einen Gebäudekomplex errichtet. Die Bayerische Versicherungskammer ist somit ein fester Bestandteil des Lehels. Seit über hundert Jahren.

Auch andere Versicherungen und Banken wissen das Lehel als einen günstigen Standort zu nutzen. Im Norden, wo noch Ausdehnung möglich war, ließen sich im Tucherpark die Bayerische Vereinsbank, die Bayerische Rückverischerung und IBM nieder. Das erklärt, warum viele Lehelbewohner als Beamte und Angestellte ihren Lebensunterhalt verdienen.

Der hohe Wohnwert und die günstige Lage lassen nicht zu unrecht vermuten, dass es eine beträchtliche Zahl von Lehelern gibt, die ihr Geld in anderen Bereichen und an anderen Orten verdient. Wer sich in der Vorstadt eine teuere Dachterrassenwohnung leisten oder gar kaufen kann, nagt wohl nicht am Hungertuch und bestreitet seinen Lebensunterhalt von Besitz- und Kapitalerträgen.

ALTERSSITZ LEHEL

„Jeder will alt werden, aber keiner will alt sein." So hat Arthur Schopenhauer einen Widerspruch verdeutlicht, der jeden von uns mehr oder weniger bewegt. Besonders heute, wo es immer mehr Neunzigjährige gibt, andererseits aber Jugendwahn und „anti-aging" in den Köpfen spukt. Wem die Gnade eines hohen Alters zuteil wird, muss in Kauf nehmen, dass mit den Jahren allerlei körperliches und geistiges Ungemach auf ihn zukommen kann. Die fürsorgliche Pflege im Familienkreis war früher keineswegs die Regel und viel seltener, als manche sich das heute eingestehen wollen. In den meisten Fällen gestaltete sich das Alter sehr beschwerlich und hart, besonders auf dem Land. Heute gibt es jedoch, wie nie zuvor, Möglichkeiten und Einrichtun-

Im Haus „Alt-Lehel", Christophstraße 12, werden Senioren betreut.

**Das Vincentinum –
ein Seniorenheim mit Tradition.**

gen, die Leiden lindern und Gebrechen erträglicher machen können. Auf diese Weise kann sich gar mancher Lebensabend angenehmer, geselliger und bereichernder gestalten, als das je der Fall war. Man hat sich inzwischen an so manches gewöhnt, betrachtet das Angenehme, das Bequeme, die Fürsorge als Selbstverständlichkeiten. Wer erinnert sich, wie es noch vor wenigen Jahrzehnten in Spitälern und Austragsstuben – Wohnraum für alte Bauern, die den Hof übergeben haben – zugegangen ist!

Das Städtische Alten- und Service-Zentrum an der Christophstraße bietet einiges, was Senioren nutzen und ihren späten Tagen einen Sinn geben kann. Da gibt es Sprach- und Musikkurse, Vorträge wollen aufklären, Ausflüge werden veranstaltet und man berät und hilft bei Behördengängen.

Inzwischen geht man in den Altenheimen des Lehels dazu über, die verfügbaren Räumlichkeiten zweckmäßiger als früher zu nutzen. Man bietet zunehmend betreutes Wohnen an. Betagte aber noch einigermaßen rüstige Senioren genießen dann ihr eigenes Umfeld, ohne auf die Vorzüge einer gründlichen Betreuung verzichten zu müssen. Das zunehmende Alter kann nicht immer die reine Freude sein.

Aber im Lehel kommt man vielleicht damit etwas besser zurecht.

BAUERNMARKT AM SANKT-ANNA-PLATZ

Der Anfang war schon schwierig. Wie das immer so ist, wenn etwas Neues kommt. Obwohl die Bürgerinnen und Bürger lange darauf gehofft hatten und der Bezirksausschuss mit der Stadtverwaltung um den Standort ringen musste. Zunächst war die Alexandrastraße im Gespräch, dann das Gries, endlich entschied man sich für den Sankt-Anna-Platz: fast eine Idylle unter Kastanien beim Klang von Sankt-Anna. Schnell entdeckten die Angestellten und Beamten in den Büros die Vorteile des Bauernmarktes. Auch die Einwohner wussten bald die Qualität von Produkten zu schätzen, die im Eigenanbau hergestellt werden und nicht aus der Großmarkthalle kommen.

Besonders aber erfreut: dieser neue Treffpunkt, der kleine Marktplatz inmitten des Viertels – jeden Donnerstag von elf bis achtzehn Uhr.

Die Händler sagen jetzt, dies sei örtlich der schönste und vom Geschäft her der best funktionierende Bauernmarkt Münchens

Baugeschichtlicher Überblick

Jahrhunderte lang gab es im Lehel kein Bauwerk von Bedeutung. Münchens älteste überlieferte Stadtansicht, ein Holzschnitt in der „Schedel'schen Weltchronik" aus dem Jahr 1493, zeigt allerdings massive Wohnhäuser nördlich des Isartors. Und eine Urkunde von 1331 weist die Existenz der Köglmühle nach, womit sich die Hinweise auf eine mittelalterliche Bebauung in der Vorstadt weitgehend erschöpfen. Lange Zeit mochte der Rote Turm, 1576 zum Schutz der Ludwigsbrücke errichtet, das höchste Bauwerk gewesen sein. Nach und nach wagten sich auch begüterte Stadtbürger, landschaftliche Reize schätzend, in die Vorstadt hinaus, um dort Gartenhäuser und kleine Villen zu errichten. Orlando di Lasso, der berühmte Hofmusikus, war einer von ihnen. Doch es fehlen steinerne Zeugen der Romanik, der Gotik, der Renaissance und des Barock. Erst im 18. Jahrhundert sollte sich in dieser Hinsicht einiges ändern.

ROKOKO IM LEHEL

Nachdem Johann Michael Fischer 1737 Kloster und Klosterkirche Sankt Anna fertig gestellt hatte, war dem Lehel ein Bauwerk von Rang zugewachsen. Die Gebrüder Asam und Johann Baptist Straub verhalfen diesem Rokokojuwel zu künstlerischem Glanz. Bis in die Mitte des 19. Jahrhunderts überstrahlte es die schlichten Zweckbauten, von denen die um dieselbe Zeit errichtete „Kattun-Manufaktur" wohl das bemerkenswerteste Gebäude war.

DER KLASSIZISMUS

Jener Baustil, mit dem Ludwig I. München am eindrucksvollsten schmückte, ist im Lehel hauptsächlich in seiner Spätform als Neoklassizismus vertreten. Es sei denn, man berücksichtigt das Prinz-Carl-

Palais, 1806 von Karl von Fischer erbaut, als zum Lehel gehörig. Inzwischen ist dieser Bau jedoch durch moderne Straßenzüge so sehr von der einstigen Vorstadt getrennt, dass es schwer fällt, ihn dem Lehel zuzurechnen.

Der Neoklassizismus kommt beim 1877 errichteten Wilhelmsgymnasium deutlich zum Ausdruck. Auch das von Max Littmann 1909 erbaute Preußische Gesandtenpalais, in dem die Schackgalerie untergebracht ist, trägt deutliche Züge dieses Stils.

DER MAXIMILIANSSTIL

Mit dem Bau der Maximilianstraße entstanden in der Mitte des 19. Jahrhunderts erstmals staatliche Repräsentationsbauten im Lehel. Nach den Vorstellungen Maximilian des Zweiten entwarf dessen Architekt Friedrich Bürklein für die neue Straße Fassaden. Dem Willen des Königs gemäß sollten sie alle bekannten Stilrichtungen enthalten, im Grund aber etwas Eigenständiges ausdrücken. Dabei berücksichtigte man die neugotischen Vorbilder aus Flandern mit besonderer Hingabe. Der Maximilansstil zeigt sich vor allem am Völkerkundemuseum und am Gebäude, das die Regierung von Oberbayern beherbergt.

DER HISTORISMUS

Hatten sich die Gestalter der Maximilianstraße noch hauptsächlich an der Gotik orientiert, so suchte Gabriel von Seidl seine romanischen Vorbilder vor allem am Rhein und in Burgund. Was er jedoch daraus machte, sind unverwechselbare Zeugen des deutschen Historismus. Mit der Pfarrkirche Sankt Anna, dem Nationalmuseum und dem Vincentinum verfügt das Lehel heute über eindrucksvolle Beweise Seidl'scher Baukunst.

Fassade an der St.-Anna-Straße.

Fassaden von Bürgerhäusern an der Liebigstraße.

Albert Schmidt ließ sich beim Bau der Lukaskirche im späten 19. Jahrhundert von der Baugeschichte des 13. Jahrhunderts inspirieren, als die Romanik in Gotik überging.

Als August Exter die Synagoge „Ohel Jakob" errichtete, orientierte er sich ebenfalls am Mittelalter und baute neuromanisch. In der Reichspogromnacht von 1938 wurde dieses Bauwerk vernichtet.

BÜRGERHÄUSER

Als gegen Ende des 19. Jahrhunderts in der Vorstadt die Werke des Historismus entstanden, errichtete dort auch das Bürgertum vornehme Wohn- und Mietshäuser. Die Herbergen – meist einstöcki-

ge Holzhäuser mit Kleinstwohneigentum – mussten stattlichen Bürgerresidenzen weichen, bei denen hauptsächlich das Barock und der Klassizismus seinen Einfluss ausübten. Achtzig Jahre später schien die Bürgerpracht manchen nicht mehr in die Zeit zu passen. Um profitträchtigere Wohnbehausungen zu errichten, drohte der Abriss. Zum Glück hat man sich meistens eines Besseren besonnen.

BAUSPUREN AUS DER ZEIT DES NATIONALSOZIALISMUS

Vor Hitlers Machtübernahme war schon Ersatz für den abgebrannten Glaspalast geplant. Die neuen Machthaber griffen das Vorhaben auf, und so ent-

Grundsteinlegung zum „Haus der Deutschen Kunst".

Vorbild war ein Museum in Boston.

Das Luftgau-Kommando, erbaut 1938 – heute Wirtschaftsministerium.

Baugrube des Luftgau-Kommandos.

stand im Lehel das „Haus der Deutschen Kunst" an der Prinzregentenstraße. Von 1933 bis 1937 errichtete Paul Ludwig Troost, Hitlers Hausarchitekt, jene dorische Säulenhalle, die der Volksmund als „Bahnhof von Athen" betitelte. Dabei hatte sich Troost am Kunstmuseum von Boston orientiert.

Aus der Zeit des Nationalsozialismus stammt auch das 1938 entstandene Luftgaukommando. Heute ist dort das Ministerium für Wirtschaft und Verkehr untergebracht und der Erweiterungsbau (Werkstätten-Neubau) des Bayerischen Nationalmuseums an der Ecke Oettingenstraße.

ARCHITEKTUR DER NEUEREN ZEIT

Trotz großer Kriegszerstörungen sind zeitgenössische Bauten im Lehel relativ selten. Die Bayerische Versicherungskammer bringt mit ihrem Neubau beim Max II. Denkmal die Moderne zur Geltung. Auch der Gerling-Konzern errichtete in der Prinzregentenstraße ein nüchternes Zweckgebäude. Und wer Gefallen an rostigem Eisen findet, kann sich an der Fassade der Archäologischen Staatssammlung an der Lerchenfeldstraße erfreuen.

Fassade der Archäologischen Staatssammlung.

Lehel - Leute

ADRIAN VON RIEDL

Die Straßen einer Stadt sind, wie man weiß, sehr unterschiedlich. Da gibt es prächtige zum Repräsentieren und Renommieren, weniger bekannte aber wichtige, kleine und winkelige, deren Namen sich nicht einmal die eingesessene Bevölkerung merkt.

Das Lehel ehrt mit der Maximilianstraße ihren Erbauer, und gedenkt mit der Prinzregentenstraße eines anderen Wittelbachers. In der Nord-Südrichtung sind die Bürgermeister Steinsdorf und Widenmayer dran und als adelige Komponente die von Oettingen und von Tattenbach. Auch der Baumeister Thiersch kommt gut weg im Gegensatz zu seinem Kollegen Bürklein, an den nur ein verborgenes Sträßlein erinnert.

Adrian von Riedl erwarb sich das Adelsprädikat aus gutem Grund. Kurfürst Karl Theodor war von den Werken seines Wasserbaudirektors so begeistert, dass er ihn in den Adelsstand erhob und ihm mit dem „Paradiesgarten" ein stattliches Anwesen übereignete.

Riedl sorgte dafür, dass das Lehel so gut vor der Isar geschützt wurde, wie es seinerzeit möglich war. Ohne den Riedl-Damm wäre auch kein Englischer Garten zu verwirklichen gewesen, weil jedes Hochwasser die Gegend überschwemmt hätte.

Schon mit 26 Jahren wurde Adrian von Riedl von Kurfürst Max III. Joseph zum Hofkammerrat und Wasser-, Brücken- und Straßenbaukommissär ernannt. In dieser Funktion leistete er Bedeutendes. Unter anderem war er auch bei der Trockenlegung des Donaumooses maßgeblich beteiligt, als man noch zuversichtlich und hoffnungsvoll nach vorn blickte und die Folgen solcher „Kulturmaßnahmen" nicht bedachte. Er stand dem statistischen Büro vor und war Mitglied der Akademie der Wissenschaften. Ihm verdankten die Zeitgenossen eine kartographische Erfassung von Reiserouten, Straßen und Flüssen.

Schließlich stand die Industrialisierung vor der Tür, und auch in Bayern entwickelte sich ein starkes Bedürfnis nach dem, was man heute Mobilität

Blick von der Lerchenfeldstraße in die Riedlstraße, rechts der „Kratzer" am 5. Oktober 1931.

Die Riedlstraße aus gleicher Sicht heutzutage.

nennt. Da waren entsprechende Orientierungsdaten sehr gefragt.

Karl Theodor beförderte Riedl zum Oberst und Obermarschkommissär. Er leistete einem russischen Heer beim Rückzug vor den Franzosen wertvolle Dienste, dafür verlieh ihm der Zar den Sankt Anna-Orden.

Als Adrian von Riedl 1809 im Rosental starb, wo er beim „Weingastgeb" Teufelhart wohnte, war in den „Allgemeinen Geographischen Ephemeriden" folgender Nachruf zu lesen: „Der Genius der Wissenschaft klagt über den Verlust und unvergesslich bleibt sein Name. Brüder der Teutschen! zollt eine Thräne der Wehmut an Riedls Grabe! Baiern traure um deinen würdigen Sohn!"

Aber im Lehel trägt nur ein Gässchen den Namen dieses verdienstvollen Mannes. Ein dunkles und unscheinbares, in das sich kaum ein Sonnenstrahl verirrt.

DER „EWIGE HOCHZEITER" IN DER HEXENGASSE

Einst dürfte es nicht ungefährlich gewesen zu sein, in einer Hexengasse zu wohnen. Ein vager Verdacht, Arglist und Bosheit eines Denunzianten reichten oft aus, um missliebige Mitmenschen in Bedrängnis oder gar auf den Scheiterhaufen zu bringen. Warum sollte es in der Münchner Vorstadt humaner zugegangen sein, als an anderen Orten! Das erklärt vielleicht, warum es im alten Lehel eine Hexengasse gab. Da brauchte sich jemand nur vom allgemein Üblichen abzuheben, sich zu unterscheiden von landläufigen Verhaltensweisen, schon machte er

Partie von der alten Hexengasse - heute Sternstraße.

sich verdächtig. Und unter der Folter wurde die Anschuldigung schnell zur Schuld.

Zu welchen Vermutungen und Verdächtigungen mochte so eine Hexengasse angeregt haben? Verwinkelte Herbergsanwesen, dunkle Ecken und Nischen aller Art mochten in abergläubischen Zeiten, wo es vor Hexen und bösen Geistern nur so wimmelte, die Phantasien beschäftigen. Es war ratsam, die Existenz solcher dunklen Mächte öffentlich nicht anzuzweifeln. Heute ist diese anrüchige Gegend längst zur Sternstraße geworden, in der nur noch der Verkehr spukt.

Im aufgeklärten 19. Jahrhundert soll in dieser Hexenstraße ein merkwürdiges Original gehaust haben. Wenn der „Ewige Hochzeiter", wie man ihn nannte, mit seinem hellblauen Frack und einem frischen Blumenstrauß auftauchte, soll die Damenwelt geflüchtet sein. Der gute Mann, so ist es jedenfalls überliefert, machte einer jeden, die sich nicht rechtzeitig in Sicherheit bringen konnte, einen Heiratsantrag. Man erzählte sich, dem „Ewigen Hochzeiter" sei am Hochzeitstag die Braut weggelaufen, und von diesem Schicksalsschlag habe er sich nie mehr erholt.

UNSER ERSTES HAUS

Das Haus stand im Schatten. Seine Fassade war schadhaft, mit dem Rückgebäude war es noch schlechter bestellt. Das Mauerwerk dieses Hauses war feucht, es war ja auf nassem Untergrund errichtet. Wer hier hauste, konnte nur wenig Miete zahlen, natürlich fehlten dann die Mittel für Erhaltung und Instandsetzung. Alte Stadtpläne offenbaren, dass hier noch Mitte des 19. Jahrhunderts ein Altwasserarm der Isar verlief, erst nach und nach war es gelungen, den Grundwasserspiegel im nördlichen Lehel zu senken. Dadurch entstand ein Baugrund für weniger begüterte Bauherren, die sich damit abzufinden hatten, dass Wasseradern die Mauern feucht und ungesund machten. Als Lorenz Wandinger dieses Haus 1896 kaufte, mag er wohl von der neuen Heimat nicht begeistert gewesen sein,

aber was blieb ihm anderes übrig! München wurde immer nobler und bekam wohlhabenden Zuwachs, für den entsprechende Residenzen zu schaffen waren. Pächter und Mieter, die bisher bescheiden in der Vorstadt gehaust hatten, standen dieser Stadtentwicklung im Weg und mussten weichen. Deshalb hatte auch der Schreinermeister Wandinger den Hofwinkel zu verlassen, und das Ersparte reichte gerade aus, um das feuchte Haus in der dunklen Riedlstraße zu kaufen.

Dieses Haus und seine Bewohner waren schweren Zeiten besonders ausgesetzt. Zunächst war ein Weltkrieg zu verkraften, dessen Ausmaße und Auswirkungen bei Kriegsausbruch kaum einer vermutet hätte: Ein Kaiserreich brach zusammen, überkommene Ordnungsbegriffe galten nicht mehr, Nachkriegswirren verunsicherten und sorgten dafür, dass Menschen verzweifelten. Eine Inflation von nie gekannter Absurdität ließ weite Bereiche des Mittelstands verarmen und raubte den armen Leuten von der Riedlstraße die letzten Sparpfennige. Als überdies eine Wirtschaftskrise im Jahre 1929 die Welt finanziell schüttelte, hatten die Bewohner des schadhaften Hauses kaum noch etwas zu verlieren. In düsteren Küchen verbrannten sie ihr Licht in der Hoffnung, dass es irgendwann einmal besser werden könnte. Ein Leben lang träumten sie davon, dem Haus zu entkommen, aber die Riedlstraße hielt sie fest.

Einmal hing ein nasskalter Tag über der Stadt. Schneematsch bedeckte Straßen und Bürgersteige, das Leben verkroch sich hinter schäbig gewordenen Gardinen, wer nicht vor die Tür musste, blieb daheim. Doch die leeren Straßen täuschten, das Leben war auch an solchen Tagen geschäftig: Ein Staatsanwalt beantragte mehrere Jahrhunderte Zuchthaus für Regimegegner, das zehnte Kind eines Volksgenossen wurde Adolf getauft und erhielt damit den Namen des herrschenden Patenonkels, SA-Stiefel waren Verkaufsschlager, belebten das magere Weihnachtsgeschäft. Und es wurde geplant, gehofft und erstrebt. Und es wurde geboren.

Lehel-Kinder in der Lerchenfeldstraße um 1910.

LEHELKINDER

Sie waren Nachbarn, doch es trennten sie Welten. Die einen hausten in engen Gassen, in dürftigen Rückgebäuden, in dunklen Löchern, hielten sich viel im Freien auf: Das waren die Gassenkinder. Da gab es aber auch welche, die residierten in gediegenen Bürgerhäusern oder in Herrschaftswohnungen. Wohlstand und Armut, Bildung und Unwissen lebten im unteren Lehel eng beieinander, es genügten ein paar Meter, um von einer Welt in eine völlig andere zu gelangen.

Die allgemeine Schulpflicht sorgte zunächst dafür, dass sich die Kinder der Minderbemittelten und der Wohlhabenden näher kamen. Auch wenn die einen zu Fuß und auf durchgelaufenen Sohlen der Bildung zustrebten, während die anderen vom Chauffeur in der Sankt-Anna-Schule abgeliefert und abgeholt wurden. Sofern deren Eltern es nicht vorgezogen hatten, ihre Sprösslinge privat unterrichten

zu lassen. Wenn sich Kinder aus unterschiedlichen Schichten anfreundeten, weil kindliche Unbefangenheit noch leichter über soziale Barrieren klettert, wurde das nicht nur von höher gestellten Eltern nach Kräften unterbunden: „Mit denen spielst du nicht"! Meist bedurfte es aber keines Verbots, die Hürden waren hoch. Gassenkinder verständigten sich im Vorstadtdialekt, während die anderen von klein auf dazu erzogen wurden, „nach der Schrift" zu sprechen. Besonders aber trennten Umgangsformen, äußere Erscheinung und Kleidung den einen Vorstadtnachwuchs vom anderen. In den Gassen war man an raue Sitten gewöhnt, wenn es galt, sich durchzusetzen. Den Kindern aus „gutem Hause" wurde jedoch Höflichkeit und gewandtes Benehmen angewöhnt. Sie waren stets frisch gewaschen und ordentlich gekämmt, während die Gassenkinder meist mit feldgrauen Hälsen, militärisch kurz oder gar kahl geschorenen Köpfen rumliefen,

Lehel-Kinder in der Gebele-Schule 1927.

damit es die Kopfläuse nicht so leicht hatten, sich zu vermehren. Und im Gegensatz zu der gepflegten und reinlichen Kleidung des gut bürgerlichen Nachwuchses liefen Gassenkinder in schadhaften Hosen, Hemden und Jacken herum. Sobald es die Witterung halbwegs erlaubte, gingen sie barfuss, um kostbares Schuhwerk zu sparen. Dafür genossen die Gassenkinder mehr Bewegungsfreiheit als ihre gutbürgerlichen Altersgenossen.

Nach vier Grundschuljahren trennten sich die Wege endgültig. Die „Besseren" verließen die Volksschule in Richtung Gymnasium, während die weniger Betuchten der einfachen Volksbildung erhalten blieben, selbst wenn sie das Zeug für die höhere Bildung gehabt hätten. Aber Eltern in dunklen Gassen, finsteren Rückgebäuden und ärmlichen Wohnungen haben nicht das Geld und oft auch wenig Sinn für höhere Bildungsziele.

Konrad und Gustav hatten es besser. Sie kamen zwar aus einem unteren Lehel, in dem es sehr finster war. Die Eltern betrieben dort eine kleine Limonadenfabrik, waren keineswegs wohlhabend. Dennoch leisteten sie sich den Luxus, ihre Söhne auf bessere Plätze im Leben vorbereiten zu lassen. Später zeigte es sich, dass es auch Gassenkinder zu etwas bringen, wenn man sie nur lässt: Gustav wurde einflussreicher Bankier und Konrad Direktor einer Maschinenfabrik.

EIN UHRMACHER

Karl Soinegg war Uhrmacher. Aber in der Obersteiermark, seiner Heimat, waren die Leute für Uhren meist zu arm. Deshalb zog es ihn, als sich Gelegenheit dazu bot, ins aufstrebende München, dort war man auf der Höhe der Zeit und brauchte gewiss einen, der Uhren zu reparieren verstand.

Nach einigen Mühen fand er im Lehel eine Wohnung und ließ Frau und Kind nachkommen. Aber auch in München war das Leben vor dem Ersten Weltkrieg nicht einfach, vor allem für kleine Leute, die unter einer Wirtschaftskrise besonders zu leiden hatten. Karls Uhrmacherkünste reichten nicht

Der Uhrmacher mit Familie.

aus, um die kleine Familie zu ernähren. Seine Frau musste ihre Schneiderfertigkeiten einsetzen, damit man über die Runden kam. Nun war der einzige Raum, den sie sich leisten konnten, nicht nur Wohn-, Schlaf- und Kinderzimmer, Küche, Bad und Abstellraum, er musste auch eine Uhrmacher- und eine Schneiderwerkstatt aufnehmen. Es ging so beengt zu, dass der Christbaum an der Decke aufgehängt werden musste.

Die Soineggs waren anspruchslos und genügsam, und trotz der eingeschränkten Lebensweise ging es bei ihnen meist friedlich zu. Aber selbst der größte Dulder muss sich ärgern, wenn die Mitwelt spottet. So war die Mutter glücklich, als sie zu sehr günstigen Bedingungen einen Stoffballen ergattern konnte. Endlich sollte die kleine Luise für die Schule eingekleidet werden. Aber dieser Ballen bestand, für jeden deutlich erkennbar, aus Matratzenstoff.

Wenn nun die Tochter in die Schule kam, tönte es ihr von allen Seiten entgegen: „Matratzenstoff, Matratzenstoff!" So lernte das Mädchen früh, wie sehr die Armut ausgrenzt.

Wenn Karl seinen täglichen Gang durchs Viertel antrat, scherte er sich nicht drum, was die Leute über zerbeulte Hosen und alte Hüte zu sagen wussten. Er wagte sich sogar gelegentlich zum Dämmerschoppen, um am Stammtisch seine Halbe Dunkles zu genießen.

Eines Abends herrschte dort Begeisterung und Freude. Man feierte den Ausbruch des Ersten Weltkriegs und war voller Zuversicht. Da war Karl so unvorsichtig und gab zu bedenken, ob denn nun ein Kriegsausbruch wirklich ein Grund zur Freude sei. Erst wurde es still am Stammtisch, dann wurden alle recht laut und verdächtigten den Steirer, ein serbischer Spion zu sein.

Karl Soinegg konnte sich noch zurückziehen, ehe man ihn verprügelte. Künftig wollte er sich an politischen Gesprächen nicht mehr beteiligen. Aber der Politik ist es egal, ob die Leute sich über sie aufregen oder sie ignorieren. Sie geschieht. Die Soineggs durchlebten und durchlitten in München den Ersten Weltkrieg und die schweren Jahre danach. Auch den Zweiten Weltkrieg mit seinen Bombenangriffen überstanden sie heil. Anspruchslosigkeit und Bescheidenheit ermöglichten es ihnen, ein Leben lang mit derart beengten Wohnverhältnissen zurechtzukommen. Erst im Alter kehrten Vater und Mutter Soinegg in die steirische Heimat zurück, wo sie auch starben. Der Tochter genügte noch lange dieser eine Raum, bis auch sie eines Tages höhere Ansprüche an den Wohnkomfort stellte.

DAS „ENTEN-MUATERL"

Es gibt ältere Leheler, die mögen sich noch ans „Enten-Muaterl" erinnern. Versonnen und mit Hingabe schob es in einem klapprigen Kinderwagen eine Ente durch die Vorstadt. Eine solche Tierhaltung mag wohl nicht ganz artgerecht gewesen sein, aber es wird erzählt, dass sich die Ente und die Betreuerin gut verstanden. Das „Enten-Muaterl", sprach nur mit Leuten, denen sie vertraute. Mag sein, dass die Ente manchmal unwillig schnatterte und unbequeme Frager in die Flucht schlug. Karline Huber, wie das „Enten-Muaterl" mit bürgerlichem Namen hieß, war Zeugin, als auf dem Münchner Viktualienmarkt ein kleines „Anterl" aussortiert werden sollte, weil es den Qualitätsvorstellungen des Händlers nicht entsprach. „Dir geht's gerade so wie mir", mag sich die Karline gedacht haben. „Dich schieben sie auch einfach weg." Fortan waren „Enten-Muaterl" und Ente unzertrennlich. Aber in einem sehr vornehm gewordenem Viertel lässt man Enten nur dann ins Haus, wenn sie umgehend gebraten werden. Für Karline Huber war es künftig schwierig, eine Unterkunft zu finden. Die Stadt München besorgte ihr dann ein Zimmer: am Hasenbergl, weitab von ihrer gewohnten Umgebung. Inzwischen sind beide längst den letzten Weg gegangen, die Ente und das „Enten-Muaterl".

1960 erschien im Münchner Georg Lentz Verlag das Bilderbuch „Die Enten-Karline". Die Autorin Tilde

Die „Enten-Karline" im Bilderbuch!

Michels, die das „Enten-Muaterl" über lange Zeit auf ihren Wegen im Englischen Garten beobachtet hatte, und die Malerin Lilo Fromm haben diesem Original in der Kinderliteratur ein Denkmal gesetzt.

SPÄTER BESUCH

Sie war lange nicht mehr im Lehel gewesen. Das Leben hatte sie an einen anderen Ort verpflanzt, wo sie sich nun auch zu Hause fühlte. Dennoch zog es sie an diesem Tag zu den Schauplätzen ihrer Kind-

heit zurück, um sich die frühen Jahre wieder einmal in Erinnerung zu rufen. Da stand noch immer dieses schadhafte Geburtshaus, schwer gezeichnet von der Zeit. Und sie fragte sich, wie es möglich war, hinter solchen Mauern glücklich gewesen zu sein. Die Schule war noch als die ihre zu erkennen, auch wenn der Bau in all den Jahren ein anderes Gesicht bekommen hatte. Doch vieles von dem, woran sie sich erinnerte, war aus der Vorstadt verschwunden. In den Jahrzehnten ihrer Abwesenheit hatte sich mehr verändert als in allen Jahrzehnten davor – nicht nur im Lehel. Gassen, Hinterhöfe, Adressen, Personen gab es nicht mehr, sie existierten nur noch in ihrer Vorstellungswelt: Die Zeit war über Dinge und Menschen hinweg gegangen, hatte sie verwandelt, verändert, verschluckt. Sie hätte das nicht verwundern müssen, schließlich war am Ort, wo sie wohnte, auch alles einem ständigen und immer schnelleren Wandel ausgesetzt. Aber die Begegnung mit den Schauplätzen der Kindheit ließ sie die Vergänglichkeit tiefer fühlen und machte sie traurig. Dann gelangte sie an den Platz, wo die Pfarrkirche aufragt. Die hatte sich rein äußerlich kaum verändert, war Orientierungshilfe und Gedächtnisstütze. Hier wurden Kommunion und Firmung lebendig, Gottesdienste und Mai Andachten brachten sich in Erinnerung. Was sie dann im Innenraum vorfand, war allerdings nicht mehr jene Kirche, mit der sie sich in Gedanken verbunden gefühlt hatte. Wo waren die Bilder und Farben geblieben, die lebhafte Ausgestaltung? Sehr vermisste sie auch jene Tafel mit den Namen der Veteranen von 1870/71. In ihrer ärmlichen Kindheit war sie immer ein wenig selbstsicherer geworden, wenn sie mit dem Familiennamen des Großvaters auch ihren Namen lesen konnte. Nachdenklich trat sie dann hinaus ins Helle, wo ein freundlicher Spätsommertag nach und nach die traurigen Gedanken vertrieb.

Die „späte Besucherin"
neben ihrer älteren Schwester 1916.

In zwanzig Stationen durchs Lehel

1. S-Bahn Isartor
2. Lukaskirche
3. Maxmonument
4. Völkerkundemuseum
5. Regierung von Oberbayern
6. Kleine Komödie
7. Wilhelmsgymnasium
8. Friedensengel
9. Schackgalerie
10. Nationalmuseum
11. Archäologische Staatssammlung
12. Monopteros
13. Chinesischer Turm
14. Wasserfall
15. Haus der Kunst
16. Prinz-Carl-Palais
17. Staatskanzlei
18. Kloster Sankt Anna
19. Pfarrkirche Sankt Anna
20. U-Bahn Lehel

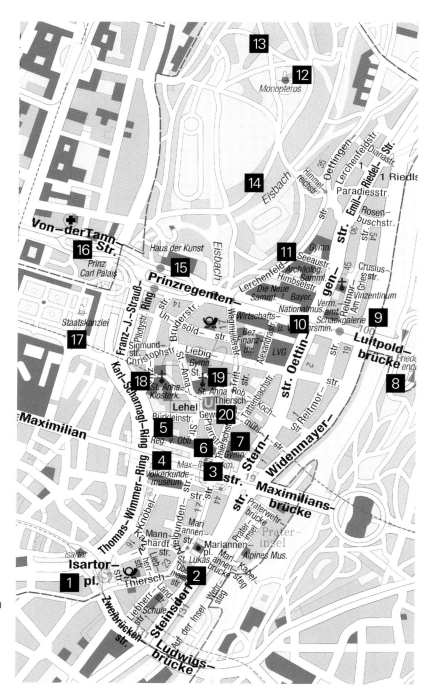

Stadtteilspaziergang

Eben waren wir noch im S-Bahnbereich, schon sind wir im Mittelalter. Das **Isartor** 1, unser Ausgangspunkt, erinnert uns jedenfalls daran. Es lohnt sich, zurück zu blicken auf den Restbestand des zweiten Mauerrings aus dem 14. Jahrhundert. Hier hörte München auf, und das Lehel, die Vorstadt, war ausgesperrt. Doch heute wandern wir durch eine Münchner Vorzugswohngegend mit erheblichem Freizeitwert, mit viel Kultur und kostspieliger Lebenshaltung. Fortuna auf dem Stadtbrunnen gegenüber hält ein Füllhorn in Händen, das Lehelbewohnern offenbar besonderes Glück beschert.

Über die Kanalstraße, die Mannhardtstraße und die Adelgundenstraße erreichen wir den Mariannenplatz. Unser Ziel ist die Kirche **Sankt Lukas** 2, errichtet an der einstigen Lände, wo früher der Münchner Bauholzbedarf lagerte, von Flößern auf der Isar heran transportiert. Lange Zeit war eine evangelische Kirche im Lehel nicht denkbar. Als aber gegen Ende des 19. Jahrhunderts viele Zuwanderer lutherischen Glaubens in die Vorstadt zogen, errichtete man für ihre Gemeinde 1896 ein Gotteshaus. Es lohnt sich einzutreten, die Stille zu genießen und den Innenraum mit der mächtigen Kuppel zu bewundern. Ein Blick noch auf die Praterinsel in der Isar, wo sich früher viele Vorstädter vergnügten und jetzt der Deutsche Alpenverein mit einer umfangreichen Bibliothek und einem Museum seinen Sitz hat. Dann geht es auf der Thierschstraße weiter, in nördliche Richtung. Vorbei an einer neoklassizistischen Fassade mit der Hausnummer 41, hinter der ein pflegeleichter Zimmerherr wohnte. Er rauchte nicht, er trank nicht, er hatte keine

Beginn des Stadtteil-Spaziergangs: Isartor.

Damenbesuche. Frau Reichert, die Zimmerwirtin, mochte mit ihm zufrieden gewesen sein. Deutschland und die Welt sollten dann mit diesem Mieter, mit Adolf Hitler, ganz andere Sorgen haben.

Das **Maxmonument** ③ erinnert an Maximilian II., einen Bayerischen König, der wissenschaftsfördernde „Nordlichter" in sein Königreich holte, um dieses zu erleuchten. Jenseits der Isar ragt ein beeindruckendes Gebäude auf, das der König auf dem Denkmal für begabte Landeskinder errichten ließ. Heute ist der Bayerische Landtag im Maximilianeum untergebracht. Spötter behaupten, dass die Schöpfer des Denkmals ihren König Max II. deshalb in die entgegengesetzte Richtung blicken ließen, damit er Künftiges nicht mit anschauen müsse.

Wir folgen dem königlichen Blick auf dem Bürgersteig in Richtung Innenstadt und kommen am **Völkerkundemuseum** ④ vorbei. Einst als Bewah-

Max-II.-Denkmal an der Maximilian-straße.

rungsstätte für nationale Kunstwerte erbaut, wurde es für diesen Zweck bald zu klein: Seine Bayern waren offenbar schöpferischer als ihr König vermuten konnte. Dafür ist nun die weite Welt im Lehel eingezogen, das „Mekka der Völkerkunde" wie die Frankfurter Allgemeine Zeitung einst begeistert verkündete.

Dann gelangen wir an jene Bresche, die Verkehrsplaner mit dem Altstadtring ins Bau-Ensemble der Maximilianstraße geschlagen haben. Was freilich daran erinnert, dass sich auch diese Pracht-Avenue mit ihren edlen Fassaden den Weg zu bahnen hatte – auf breiter Front von der Innenstadt durchs Lehel über die Isar. Nicht unbedingt zur Freude jener alt eingesessenen Leheler, die seinerzeit dem ehrgeizigen Projekt zu weichen hatten.

Wir unterqueren die Maximilianstraße beim Altstadtring und stehen dann vor der **Regierung von Oberbayern** 5 , einem stattlichen Amtssitz für die

Bezirksverwaltung. Von dort aus lässt sich überblicken, was den Reiz der Maximilianstraße ausmacht: Das Ensemble der Fassaden, der Blick auf die Nobelmeile, das Maxmonument und in dessen Hintergrund am Steilhang der Isar das Maximilianeum als krönender Abschluss.

Die **Kleine Komödie** 6 ist ein sehr erfolgreiches Boulevardtheater, auf deren Bühne viele Berühmtheiten gestanden haben und wohl noch stehen werden. Theaterprominenz ist sich nicht zu schade, im Lehel aufzutreten, um anspruchsvolles Publikum mit gehobener Unterhaltung zu erfreuen.

Der Bau gegenüber beherbergt seit 1877 das **Wilhelmsgymnasium** 7 , die älteste Münchner Bildungsanstalt dieser Art. Gegründet von Herzog Wilhelm V. im 16. Jahrhundert, war dieses Gymnasium ursprünglich im Jesuitenkolleg an der Neuhauser Straße untergebracht. Inzwischen hat so manche Berühmtheit im neuen Schulgebäude ihren

Reitmorstraße - früher floss hier der Hammerschmiedbach.

Bildungsschliff erhalten. Ludwig Thoma allerdings musste diese Bildungsanstalt vorzeitig verlassen, um sich in Landshut durchs Abitur zu retten. Was ihn aber nicht daran hinderte, vielleicht schöpferischer und gescheiter zu werden als mancher Klassenprimus.

Nun folgen wir den Straßenbahnschienen bis zum Thierschplatz, wo Ceres auf ihrem Brunnenpodest üppige Fruchtbarkeit verheißt. Mit der Üppigkeit war es im Überschwemmungsgebiet der Isar allerdings nicht weit her, sieht man von jener Fertilität ab, die dem Lehel viel Nachwuchs bescherte, mehr oft, als manche Vorstädter verkraften konn-

Der Friedensengel – vollendet 1899.

ten. Reiche Früchte sollte hier der Boden erst tragen, als rege Bautätigkeit einsetzte und die Grundstückspreise stiegen.

Wir lassen die Göttin des Ackerbaus links liegen und folgen der Tattenbachstraße, biegen dann aber rechts in die Robert-Koch-Straße ein. Es war nicht mehr als recht und billig, dass man hier diesem verdienten Mann eine Straße widmete, seine Entdeckungen mögen manchen Leheler vor dem frühen Tod bewahrt haben. Das Lehel war ja noch gegen Ende des 19. Jahrhunderts eine Brutstätte für allerlei Infektionskrankheiten und Epidemien.

Mit einiger Geduld gelingt es uns, die Oettingenstraße zu überqueren. Ist sie doch eine Hauptverkehrsader, die das Lehel in Nord-Süd-Richtung durchquert und mit Lärm belastet. Schließlich biegen wir links in die Reitmorstraße ein. Früher hieß sie Mühlstraße, weil ein Stadtbach hier einige Mühlen antrieb. Vom Hofhammerschmiedbach ist allerdings nichts mehr zu sehen, man hat ihn längst überwölbt. Der Idylle mag das abträglich sein, dafür ist die Gegend jetzt sicherer: Es fällt kein Kind mehr in den Bach und ertrinkt, wie es früher des Öfteren geschah.

Wir biegen rechts in die Liebigstraße ein und wandern in Richtung Isar. Schon zeigen sich die Bäume jener Anlagen, die Max II. im 19. Jahrhundert anpflanzen ließ, um München mit einem Grüngürtel zu umgeben und das Hochufer zu stabilisieren. Einst residierte an der Widenmayerstraße viel Wohlstand und Prominenz, doch die Vollmotorisierung hat bewirkt, dass hier heute vor allem Rechtsanwälte, Ärzte und Unternehmensniederlassungen ihren Gewerben nachgehen. Hinter dicken Schallschutzfenstern.

Und nun kommen wir an die Prinzregentenstraße. Sie zerschneidet das Lehel seit dem Ende des 19. Jahrhunderts, die Wohn- und Repräsentationsansprüche waren in der „guten alten" Prinzregentenzeit gestiegen. Fünfundzwanzig Jahre kein Krieg – so etwas macht wohlhabend und stimmt optimistisch. Dieser **Friedensengel** 8 – vom Hochufer blickt er herüber – sollte wohl für die richtige

Wo vor Kurzem noch geparkt wurde, grünt es jetzt - das Bayerische Nationalmuseum nach der Renovierung 2005.

Stimmung sorgen. Leider konnte er Kommendes nicht verhindern: Nicht den Ersten und nicht den Zweiten Weltkrieg. Vielleicht hätte die griechische Siegesgöttin Nike nicht Modell stehen sollen? Und Pallas Athene, jene Weisheitsvertreterin, die dieser Friedensengel in der Linken hält, ist auch recht klein ausgefallen, wie sollte da Vernunft aufkommen!

Wir überqueren die Prinzregentenstraße und stehen vor einem Gebäude, in dem einst die preußische Gesandtschaft residiert hatte, bis Graf Adolf von Schack dort seine Bildersammlung unterbrachte. In der **Schackgalerie** 9 sind Werke von Spitzweg, Boecklin, Kaulbach, Lenbach und anderen Berühmtheiten des 19. Jahrhunderts zu bewundern. Einen besinnlichen Nachmittag kann dort verbringen, wer Kunst genießen und dem Lärm der Prinzregentenstraße entkommen will. An der gegenüber liegenden Straßenseite verbrachte Frank Wedekind mit seiner Familie die letzten Jahre seines Lebens. Heute würde ihm in dieser Wohnlage der Motorenlärm kaum noch was einfallen lassen.

Einst erstreckte sich hier der Holzgarten, wo das Münchner Brennmaterial für Haus und (vor allem!) Hof lagerte. Doch an der Wende zum zwanzigsten Jahrhundert heizte man bereits mit Kohle, so dass der Platz frei wurde für den Bau eines repräsentativen **Nationalmuseums** 10. Es reicht ein Tag nicht aus, um all jene Kostbarkeiten auf sich wirken zu lassen, die in diesem Museum ausgestellt sind: „Dem Land zum Nutzen, der Stadt zur Zier", bemerkte der Prinzregent Luitpold bei der Grundsteinlegung im Jahr 1894. Nun sitzt er, der kein passionierter Reiter gewesen war, als Denkmal hoch zu Ross. Man hätte ihn in Jägerkluft mit einer Flinte darstellen sollen: Jagen war ihm lieber als reiten.

Wer den Weg nun abkürzen möchte, geht bis zum **Haus der Kunst** 16, überquert dann die Prinzregentenstraße und folgt der vorgegebenen Route bis zur **U-Bahnstation Lehel** 20 Wir aber sind gut zu Fuß und endlich im Englischen Garten. Wir halten uns rechts, damit wir jenes Gebäude nicht übersehen, in dem die **Archäologische Staats-**

**Prinzregent Luitpold vor dem
Bayerischen Nationalmuseum.**

sammlung 11 untergebracht ist. Seine rostige Fassade lässt kaum vermuten, dass dahinter wertvolle und sehenswerte Fundstücke aus der Vor- und aus der Frühgeschichte aufbewahrt werden und zu besichtigen sind. Dann überqueren wir den Eisbach, einer jener zahlreichen Bäche, die einst das Lehel durchflossen. Fast alle sind heute trocken gelegt oder überwölbt.

Der **Monopteros** 12 auf seinem künstlichen Hügel in der flachen Auenlandschaft ist schon von weitem zu erkennen. Der nachempfundene Altgrieche, 1836 erbaut, gewährt einen freien Blick über den südlichen Englischen Garten bis hin zu den Dächern, Kuppeln und Türmen der Stadt.

Am **Chinesischen Turm** 13 legt man in der Regel eine Pause ein. Sie soll allerdings nicht zu lange ausfallen, will man die Fortsetzung des Spaziergangs nicht gefährden. Dieser Turm, eine Holzkonstruktion nach dem Vorbild einer Londoner Pagode erbaut, ist

Jahreszeitlich wechselnde Naturfarben am Haus der Kunst.

**Der Chinesische Turm
im Englischen Garten**.

Surfen auf dem Eisbach.

das Wahrzeichen der Münchner Biergartler und all jener, die es werden wollen.

Nach kurzer Rast führt uns der Weg vorbei an der „Schwaige", einer ehemaligen Musterlandwirtschaft, in der heute die Verwaltung des Englischen Gartens untergebracht ist. In südwestlicher Richtung geht es dann hin zum Schwabinger Bach. Ihm folgen wir stadteinwärts und lassen uns vielleicht von jenen unbekleideten Sehenswürdigkeiten auf der Schönfeldwiese beeindrucken, die vor allem Besucher aus Übersee anzuziehen pflegen. Aber auch alteingesessene Münchner entrüsten sich dort bei den „Nackerten" – wenn's geht mehrmals am Tag.

An der „Kaskade" geht es weniger aufregend zu. Der **künstliche Wasserfall** 14 ist an jener Stelle errichtet, wo sich Eisbach und Schwabinger Bach trennen. Das Wasser dieser gestalteten Natur

springt und schäumt über Felsen, dass man glaubt, im Gebirge zu sein. Schließlich taucht linker Hand ein japanisches Teehaus auf. Anlässlich der Olympischen Spiele 1972 schenkten es die Japaner der Stadt. Spätestens hier stellt sich jene Ruhe und Gelassenheit ein, die man im Englischen Garten sucht und findet. Sonnenanbeter liegen entspannt in den Wiesen, Spaziergänger, einzeln, paarweise oder in Gruppen, haben keine Eile, man spielt, Hunde haben ihren Auslauf. Der Weg führt weiter am **Haus der Kunst** 15 vorbei, bei dessen Grundsteinlegung 1937 der Hammerstiel zerbrach. Den lang gestreckten Bau des Nationalsozialismus mit den dorischen Säulen bezeichneten Spötter als den „Bahnhof von Athen", Vorbild war jedoch ein Museum in Boston.

Mit dem Blick zur Innenstadt sehen wir ein Schlösschen, das einmal Gegenstand heftiger Kon-

Das Japanische Teehaus - ein Ort der Ruhe und der Entspannung.

**Das Logo der Arena auf dem Haus der Kunst –
zur Ausstellung der Architekten Herzog und de Meuron –
während der Fußballweltmeisterschaft 2006.**

Das Prinz-Carl-Palais, ein frühklassizistischer Fürstensitz.

troversen war. Schließlich ist es nicht üblich, dass man frühklassizistische Fürstensitze untertunnelt. Aber eine zunehmende Motorisierung kann auf baugeschichtliche Besonderheiten keine Rücksichten nehmen. Unter dem **Prinz-Carl-Palais** 16, das wir von weitem betrachten, donnert seit Jahren der Straßenverkehr.

Wir überqueren die Prinzregentenstraße und sehen auf der gegenübeliegenden Straßenseite die **Staatskanzlei** 17 mit der großen Kuppel. Das Gebäude diente vor dem Zweiten Weltkrieg als Armeemuseum.

Das ehemalige Armee-Museum, seit 1989 Sitz der Bayerischen Staatskanzlei.

Über die Sigmund- und die Christophstraße kehren wir in den Kern des alten Lehels zurück. Hin zum **Kloster Sankt Anna** [18], dem geistlichen Zentrum der Vorstadt und der ersten Rokokokirche Altbayerns. Nach ihrer Zerstörung vom 25. April 1944 wurden Kloster und Kirche nach alten Plänen rekonstruiert. Als die Klosterkirche für eine wachsende Vorstadtbevölkerung zu klein geworden war, entstand

gegenüber die **Pfarrkirche Sankt Anna** [19], erbaut von Gabriel von Seidl im neuromanischen Stil. 1892 wurde sie eingeweiht.

Das Ende unseres Rundgangs, die **U-Bahnstation Lehel** [20], ist erreicht. Seit 1988 kann man von hier aus den Rest der Welt bereisen. Bequem und fast problemlos.

Ende des Stadtteil-Spaziergangs: St. Anna-Platz.

Literatur

Bauer, Reinhard (Hrsg.): Im Dunst von Bier, Rauch und Volk. Arbeit und Leben in München 1840 – 1945. München, 1989.

Bauer, Richard und Eva Graf: Fliegeralarm. München, 1987.

Bauer, Richard und Eva Graf: Nachbarschaften. München 1984.

Bauer, Richard und Eva Graf: Ruinenjahre. München, 1987.

Bauer, Richard: Zu Gast im alten München. Erinnerungen an Hotels, Wirtschaften und Cafés. München, 1996.

Ben-Chorin, Schalom: Jugend an der Isar. München, 1974.

Biebl, Veronika: Schulen im Lehel – Rund um Stankt Anna. München, 1989.

Bosl, Karl: München – Bürgerstadt – Residenz – heimliche Hauptstadt Deutschlands. München, 1971.

Dollinger, Hans: München im 20. Jahrhundert. München, 2001.

Dombart, Theodor: Der Englische Garten zu München. Geschichte seiner Entstehung und seines Ausbaues zur großstädtischen Parkanlage. München, 1972.

Durchs Münchner Jahr mit Sigi Sommer und Luise Pallauf. München, 1996.

Dürck-Kaulbach, Josefa: Erinnerungen an Wilhelm von Kaulbach und sein Haus. München, 1918.

Fisch, Stefan: Stadtplanung im 19. Jahrhundert. München, 1988.

Gleixner, Paul: Arbeitsplatz Lehel. In: Rund um Sankt Anna. München, 1989.

Graf, Oskar Maria: Wir sind Gefangene. München, 1927.

Heckhorn, Evelyn und Hartmut Wiehr: München und sein Bier. München, 1989.

Hojer, Gerhard: Die deutsche Stadt im 19. Jahrhundert. München, 1973.

Hollweck, Ludwig: München – Stadtgeschichte in Jahresportraits. München, 1968.

Hollweck, Ludwig: Was war man in München? München, 1989.

Kerler, Richard: München – Wo? München, 1986.

Klingele, Hermann: Stadtlandschaft Lehel. In: Rund um Sankt Anna.

Lamm, Hans (Hrsg.): Vergangene Tage – Jüdische Kultur in München. München, 1982.

Lehmbruch, Hans: Ein Neues München. Stadtplanung und Stadtentwicklung um 1800. München, 1987.

Lemp, Richard: Das große Ludwig-Thoma-Buch. München, Zürich, 1974.

München Stadtatlas (Großraumplan). München, 1987.

München und seine Bauten nach 1912. Hrg. vom Bayerischen Architekten- und Ingenieurverein. München, 1984.

Münz, Erwin: Karl Valentin. München, 1982.

Nick, Edmund: Das literarische Kabarett „Die Schaubude" 1945–1948. Seine Geschichte in Briefen und Songs. Kommentiert von Dagmar Nick. München, 2004.

Nöhbauer, Hans F.: München. Eine Geschichte der Stadt und ihrer Bürger. München, 1982.

Nöhbauer, Hans F.: München. Eine Geschichte der Stadt und ihrer Bürger von 1854 bis zur Gegenwart. München, 1992.

Oppelt, Christian: Das alte Lehel. München, 1904.

Pistor, Emile: Zur Kunstgeschichte des Lehels. In: Rund um Sankt Anna. München, 1989.

Plessen, Marie-Louise (Hrsg.): Die Isar – Ein Lebenslauf, 1983.

Regnet, Carl Albrecht: München in guter alter Zeit. München, 1979.

Scheibmayr, Erich: Letzte Heimat. Persönlichkeiten in Münchner Friedhöfen. München, 1985.

Schleich, Erwin: Die zweite Zerstörung Münchens. Stuttgart, 1978.

Schmid, Elmar: Der Englische Garten zu München. München, 1989.

Schrott, Ludwig: Alltag in acht Jahrhunderten. München, 1960.

Seeberger, Max: Wie Bayern vermessen wurde. Augsburg, 2001.

Selig, Heinz-Jürgen: Münchner Stadterweiterung von 1860 bis 1910. München, 1986.

Selig, Wolfram (Hrsg.): Synagogen und jüdische Friedhöfe in München. München, 1988.

Sing, Achim: Die Wissenschaftspolitik Maximilians II. von Bayern (1848-1864). Nordlichter-Streit und gelehrtes Leben in München. Berlin, 1996.

Slawinger, Gerhard: Die Manufaktur in Kurbayern. Die Anfänge der großgewerblichen Entwicklung in der Übergangsepoche vom Merkantilismus zum Liberalismus 1740-1833. Stuttgart, 1966.

Stadtbuch für München 1976/77. München, 1979.

Stahleder, Helmuth: Haus- und Straßennamen der Münchner Altstadt. München, 1992.

Stahleder, Helmuth: Von Allach bis Zamilapark. Namen und historische Grunddaten zur Geschichte Münchens und seiner eingemeindeten Vororte. München, 2001.

Statistisches Taschenbuch – München und seine Stadtbezirke. München, 1989.

Wagner, Ludwig: Das Lehel. München, 1960.

Warning, Wilhelm: Streifzüge – Das Lehel. In einer Sendung des Bayerischen Rundfunks. München, 1986.

Westenrieder, Lorenz: Beschreibung der Haubt- und Residenzstadt, München, 1782.

Wilhelm, Hermann: Haidhausen. München, 2004.

Wolf, Georg Jacob: Ein Jahrhundert, München, 1930.

Wolf, Georg Jacob: Kurfürstliches München. München, 1930.

Register

Bildnachweis

Horst Feiler: 6, 15, 20 unten, 21, 32 oben, 32 unten, 38, 39, 45, 46, 58, 67, 70, 73, 75, 76, 77, 78, 87, 91, 95 oben, 98 oben, 98 unten, 99, 100, 101, 102, 103, 106 unten, 108 links, 108 rechts, 109, 110, 111, 112 oben rechts, 116, 117, 118, 119, 120, 121, 122, 123 unten, 124 rechts, 128, 129, 130, 131, 132, 133 links, 133 rechts, 134, 135 oben, 135 unten, 136 oben, 136 unten, 137, 138 oben, 138 unten, 139 oben, 139 unten, 140, 141 unten, 143, 145 links, 145 rechts, 148, 149 links, 149 rechts, 152, 153, 154, 156, 159, 161, 163, 164 oben, 164 unten, 165, 166, 167 oben, 167 unten, 168 oben, 168 unten, 169, 175.

FLATZ: 88, 89.

Marianne Franke: 84 links, 84 rechts.

Hermann Klingele: Umschlag vorne, 9, 10 unten links, 10 unten rechts, 11, 13, 14 unten, 16, 18, 19, 23, 24, 25, 27 oben, 27 unten, 28, 29, 31, 34, 35, 40, 41, 44, 49, 50, 51 links, 51 rechts, 53, 54, 57, 59, 61, 63, 64, 71, 81 oben, 82, 90, 92 oben, 92 unten, 93, 94, 95 unten, 96, 97, 112 unten, 115, 123 unten, 127, 147 unten, 150. Einige Fotographien wurden von Gemälden des Münchner Stadtmuseums sowie aus dem Buch von Christian Oppelt: Das alte Lehel (1904) gemacht.

Landesamt für Vermessung und Geoinformation: 114.

Bernd Lindenthaler: 79.

Tilde Michels / Lilo Fromm: 155.

MünchenVerlag: 3, 124 links, 157, 162, Umschlag hinten.

Wolfgang Püschel: gegenüber 1.

Siegfried von Quast: 142.

Marcus Schlaf: 60.

Stadtarchiv München: 14 oben, 30, 36, 37, 42, 43, 47, 52, 62, 65, 66, 72, 81 unten, 85, 86, 105, 106 oben, 112 oben links, 126, 141 oben, 146 oben, 146 unten, 147 oben, 160, 171.

Stadtmuseum München: 20 oben, 22.

Stadtteilplan S. 158: © Landeshauptstadt München – Kommunalreferat – Vermessungsamt, 2006.

Den Englischen Garten
und den Nymphenburger Park kennt jeder –
doch Münchens Natur hat viel mehr zu bieten!

224 Seiten mit 180 Farbfotos und 5 Stadtplänen,
Klappenbroschur, Format 16,5 x 24 cm
ISBN-10: 3-934036-64-3
ISBN-13: 978-3-934036-64-2

Über 100 Grünanlagen und Naturschutzgebiete innerhalb der Stadtgrenzen werden in diesem Buch vorgestellt.
Neben der Darstellung von Gärten, Parks, Spielplätzen, Friedhöfen und der schönsten Isarabschnitte wird Wissenswertes
zur Geschichte, zur Landschaftsarchitektur und zur Ökologie vermittelt.
Das Buch ist nach Stadtteilen gegliedert und enthält zu jeder Anlage Informationen über Erreichbarkeit mit öffentlichen
Verkehrsmitteln, Öffnungszeiten und – soweit vorhanden – Möglichkeiten zur Einkehr.

Lehel-Chronik

8000 v. Chr.	Ende der Würmeiszeit, Gletscher und Schmelzwasser formen das Isartal.
2000 v. Chr.	Funde aus der Bronzezeit.
1158 n.Chr.	Salzhandel und Händel lassen München entstehen.
1315	Der städtische Mauerring ist geschlossen, die Siedlung liegt außerhalb.
1331	Die Köglmühle (heute Hofgartenstraße 3) wird erstmals erwähnt.
1493	Auf der ältesten Stadtansicht von München sind bereits die Holzlände und massive Gebäude im oberen Ortsbereich zu erkennen.
1525	Erstnennung „auf den lehen".
1537	Nennung „auf dem lehen".
1581	Nennung „auf den lechen".
1587	Auf der Isar wird erstmals Brennholz nach München getriftet.
1600	Der Holzgarten wird errichtet.
1696	Nennung „auf dem Lehel".
1705	Spanischer Erbfolgekrieg: Leheler beteiligen sich am Aufstand gegen die Habsburger.
1724	Das Lehel wird dem Münchner Burgfrieden einverleibt.
1727	Hieronymitaner Mönchen wird gestattet, im Lehel ein Kloster zu bauen und die Seelsorge zu übernehmen.
1737	Unter Mitwirkung namhafter Künstler wird eine der schönsten Rokoko-Kirchen, die Klosterkirche Sankt Anna fertig gestellt.
1742	Österreichischer Erbfolgekrieg: Kaiserliche Truppen plündern und brandschatzen das Lehel. Viele Bewohner kommen um.
1746	Die „Churfürstliche Kattun-Manufaktur", genannt Persfabrik, geht in Betrieb.
1771	Der erste Schulmeister siedelt sich im Lehel an. Seine Schule entstand an der heutigen Robert-Koch-Straße, Ecke Widenmayerstraße.
1783	Es gibt bereits 2 225 Leheler.
1789	Der Englische Garten wird eingeweiht.
1791	Die Stadtmauer fällt.
1796	Franzosen und Österreicher beschießen sich an der Isar. Das Lehel wird in Mitleidenschaft gezogen.
1807	Säkularisation: Die Mönche werden aus Sankt Anna vertrieben. Im Kloster zieht Militär ein.
1808	Das Lehel hat über 3 000 Einwohner.
1827	Das Kloster dient wieder den ursprünglichen Zwecken. Franziskaner ziehen ein.
1839	Die „Kattun-Manufaktur" muss schließen. Sie ist der industriellen Konkurrenz nicht gewachsen.
1841	Die Volksschule Sankt Anna entsteht.
1847	Erste (erfolglose) Flussregulierungen der Isar.
1853	Der Verkehr auf der Maximilianstraße sorgt für einschneidende Veränderungen.
1867	Eröffnung des Nationalmuseums an der Maximilianstraße. Heute ist dort das Völkerkundemuseum untergebracht.
1877	Das Wilhelmsgymnasium bekommt einen neoklassizistischen Neubau.